对接"一带一路"建设的
中国（上海）自由贸易试验区
金融开放与创新

秦焕梅／著

格致出版社　上海人民出版社

序 言

2020年新冠肺炎疫情席卷全球,给世界经济的发展带来严重冲击,国际经济贸易格局和贸易规则发生了重大变化,世界各国在国际货币体系、国际储备货币、国际金融稳定、国际资本流动、国际金融合作、地缘局势等领域面临新的严峻挑战,这对"一带一路"的长远建设和发展提出了新的要求。上海自由贸易试验区(以下简称"上海自贸试验区")是对接"一带一路"建设的重要金融枢纽,因此有必要在新形势下研究其金融开放与创新对"一带一路"建设的作用和影响。

2013年9月至10月,中国国家主席习近平在出访中亚和东南亚国家时,先后提出共建"丝绸之路经济带"和"21世纪海上丝绸之路"(简称"一带一路")的重大倡议。"一带-路"建设,秉持共商、共建、共享原则,促进经济要素有序自由流动、资源高效配置和市场深度融合,共同打造开放、包容、均衡、普惠的区域经济合作架构。"一带一路"倡议提出以来,从理念转化为实践。截至 2022 年 6 月初,中国已经分别与 149 个国家和 32 个国际组织签署 200 余份共建"一带一路"合作文件。共建"一带一路",是国际合作以及全球治理新模式的积极探索,致力于维护全球自由贸易体系和开放型世界经济。

推进"一带一路"建设,中国实行积极主动的对外开放战略,特别是加快推进上海自贸试验区的建设,以形成参与和引领国际合作竞争的新态势。上海自贸试验区自 2013 年 9 月设立以来,持续深化自贸试验区制度创新,不断增创国际开放合作与竞争新优势,建立了与国际通行规则相衔接的制度体系,在贸易投资自由化便利化、政府职能转变、金融开放创新、加强事中事后监管等领域先行先试,积累了一大批重要的理论和实践创新结果,为上海加快打造国内大循环中心节点和国内国际双循环战略链接发挥着重要的作用。

资金融通是"一带一路"建设的重要支撑力量。对接"一带一路"建设的金融需求,上海自贸试验区发挥着重要的引领作用。2017 年 3 月,国务院印发《全面深化中国(上海)自由贸易试验区改革开放方案》,提出把上海自贸试验区建设成为服务国家"一带一路"建设、推动市场主体走出去的桥头堡。2017 年 10 月,《上海服务国家"一带一路"建设发挥桥头堡作用行动方案》出台,提出上海服务国家"一带一路"建设,以上海自贸试验区为制度创新载体,以金融服务为支撑,把握国家金融开放和人民币国际化机遇,对接"一带一路"金融服务需求,在风险可控前提下,依托上海自贸试验区金融改革创新,加强与上海国际金融中心建设联动,把上海建成"一带一路"投融资中心和全球人民币金融服务中心。2022 年 3 月,《中国(上海)自由贸易试验区临港新片区条例》开始施行,在临港新片区内取消外商直接投资人民币资本金专用账户,开展临港新片区内非金融企业外债便利化试点,支持私募股权投资基金跨境投资,稳步放宽跨境资产转让业务限制,符合条件的商业银行试点开展离岸人民币业务。临港新片区将继续作为国家金融开放的"试验田",把上海自贸试验区的建设推向新高度和新阶段。

全球新冠肺炎疫情暴发以来,中国政府持续推动"一带一路"高质量发展,加强对"一带一路"共建国家的投资,推进人民币国际化发展,促进与沿线国家或地区的经贸合作,着力打造"健康丝绸之路",为帮助其他国家抵御疫情和稳定世界经济作出了重要贡献。2020 年 11 月 15 日,由包括中国、东盟十国等 15 个亚太国家,正式签署《区域全面经济伙伴关系协定》(Regional Comprehensive Economic Partnership,简称"RCEP"),此举推动区域经贸合作迈上新台阶。2021 年 9 月 16 日和 11 月 1 日,中国先后申请加入《全面与进步跨太平洋伙伴关系协定》(Comprehensive and Progressive Agreement for Trans-Pacific Partnership,简称"CPTPP")和《数字经济伙伴关系协定》(Digital Economy Partnership Agreement,简称"DEPA")。2021 年 11 月 19 日,习近平总书记出席第三次"一带一路"建设座谈会,强调以高标准、可持续、惠民生为目标,把基础设施"硬联通"作为重要方向,把规则标准"软联通"作为重要支撑,把同共建国家人民"心联通"作为重要基础,推动共建"一带一路"高质量发展。据商务部统计,2022 年 1 月至 5 月,中国企业在"一带一路"沿线国家非金融类直接投资 527.1 亿元人民币,同比增长 9.4%(折合 81.9 亿美元,同比增长 10.2%)。相关资金主要投向新加坡、印度尼西亚、巴基斯坦、马来西亚、阿拉伯联合酋长国、越南、泰国、柬埔寨、老挝和塞尔维亚等国家。

高质量共建"一带一路",需要稳步拓展健康、绿色、数字、创新等新领域合作,培育合作新增长点,如"丝路电商"等,探索建立境外项目风险的预警评估综合服务平台,统筹发展和安全,构建新发展格局。上海自贸试验区将持续发挥自身优势,做优做大开放平台,推进"一带一路"投融资服务中心与综合服务中心的功能作用,为企业提供全方位、专业化、个性化的"走出去"服务,吸引集聚"一带一路"单边和多边金融机构,为深入推进"一带一路"建设作出更大贡献。

本书详细论述了对接"一带一路"建设的上海自贸试验区金融开放与创新的相关研究内容,填补了国内同类研究的薄弱空白之处。本书总结了上海自贸试验区金融开放与创新的主要成效与欠缺之处,分析了上海自贸试验区支持和服务"一带一路"建设的现状、不足及其原因,提出了上海自贸试验区金融开放与创新支持、服务"一带一路"建设的具体实施路径。这对新发展格局下推动共建"一带一路"高质量发展、上海打造国内大循环中心节点和国内国际双循环战略链接等具有较高的参考价值。

作者秦焕梅是我的博士学生。她在攻读博士学位时期,勤于读书、敏于思考、热爱科研、认真踏实、严谨治学。她注重前沿理论研究与社会实际应用价值相结合。毕业后从事高校教师职业以来,她长期坚持从事经济金融学领域决策咨询类探索性研究,承担过国家社科基金项目、上海市人民政府决策咨询类重点课题等研究项目,也收获了诸多学术荣誉。她十年磨剑般严格的学术自我修养,使本书在中国金融改革开放、"一带一路"建设研究领域具有独特性和较大价值。相信本书的出版有助于广大读者深入了解上海自贸试验区的金融开放与创新如何对接与服务"一带一路"建设,以及如何使这一试验区成为推动市场主体走出去的桥头堡。

盛松成
2022 年 6 月

前　言

　　中国提出的"一带一路"倡议对增强各国生产发展和促进全球经济增长具有重要意义,增加了跨境贸易投资,扩大了产业投资范围,推动了沿线各国或区域的经济合作与发展。"一带一路"建设离不开金融的支持。上海居于"21世纪海上丝绸之路"与长江经济带物理空间的交汇点,处于中国对外扩大开放与对内深化改革的交会点。中国(上海)自由贸易试验区(以下简称为"上海自贸试验区")是中国金融改革开放和创新的"试验田",在对接"一带一路"建设金融服务需求中发挥着重要的作用。

　　"一带一路"建设前期大多是基础设施类项目,因此其融资周期和运营周期比较长,需要有提供长期资金担保和资金保证的机制。"一带一路"建设融资具有资金需求量大而投资回报期长、跨境金融合作层次较低而集中度较高、融资需求长期且可持续等特点;同时,一些沿线国家政局的不稳定,也给投融资合作带来了复杂性。上海自贸试验区是中国第一个自贸试验区,是党中央、国务院在新形势下全面深化改革和扩大开放的一项战略举措。自 2013 年 9 月挂牌运行以来,上海自贸试验区先后实施了四版发展方案,并于 2019 年增设临港新片区,试验层次不断提升,试验领域逐渐拓展,试验力度持续加大。其中,2017 年 3 月《全面深化中国(上海)自由贸易试验区改革开放方案》(即上海自贸试验区"3.0 版"),明确提出上海自贸试验区服务国家"一带一路"建设,成为推动市场主体走出去的桥头堡。

上海自贸试验区的特殊顶层设计和负面清单管理理念,能够使国家金融改革政策在自贸试验区内更快、更高效地实施。上海自贸试验区的金融创新,能够迅速与上海国际金融中心建设产生联动效应,进而辐射到全国。2015 年 10 月,《进一步推进中国(上海)自由贸易试验区金融开放创新试点　加快上海国际金融中心建设方案》(即"金改 40 条")的发布,标志着上海自贸试验区金融改革和上海国际金融中心建设联动进一步的实施推进。2020 年,上海已实现了基本建成与我国经济实力以及人民币国际地位相适应的国际金融中心这一重要目标,具有了较强国际竞争力的多元化金融机构体系和较强金融资源配置能力的全球性金融市场地位,基本形成国内外投资者共同参与公平法治的金融服务体系。2021 年 3 月 17 日英国智库 Z/Yen 集团发布的第 29 期"全球金融中心指数"(GFCI)指数显示,上海位列全球金融中心第三,仅次于纽约和伦敦。这些条件和金融市场基础设施,对上海自贸试验区支持和服务"一带一路"投融资建设具有重要的作用。2019 年 6 月 13 日,"科创板"注册制在上海证券交易所正式开市,这是一项提升服务科技创新企业能力、增强市场包容性、强化市场功能的资本市场重大改革举措,也对"一带一路"科技创新企业的投融资发展具有重要的推进作用。2019年8月临港新片区设立,在临港新片区加强跨境资金使用和开展自由贸易账户本外币一体化功能试点,这对上海自贸试验区探索资本自由流入流出和稳步推进人民币自由兑换具有重要作用,对促进自贸试验区建设为"一带一路"投融资服务中心有着深远的意义。

"一带一路"建设和发展,需要金融的大力支持,以填补基础设施和未来生产能力建设上的融资缺口。"一带一路"建设为上海自贸试验区的银行、保险、融资租赁等金融业带来融资需求,推动人民币国际化、建立公允国际信用评级体系。"一带一路"沿线国家和地区多为新兴经济体和发展中国家,其金融体系发展不均衡,部分地区获得金融服务的成本较高。上海自贸试验区可为"一带一路"建设提供可持续性的融资服务。上海自贸试验区作为推动企业"走出去"参与"一带一路"建设的桥头堡,对"十四五"时期上海建设"一带一路"投融资服务中心发挥重要的核心功能作用。

本书共分为8章,涵盖上海自贸试验区发展现状与上海国际金融中心的建设,上海自贸试验区在服务国家"一带一路"建设中的功能定位,上海自贸试验区支持和服务"一带一路"建设的现状与不足,上海自贸试验区金融开放与创新支持和服务"一带一路"建设的具体路径等内容。上海自贸试验区自设立以来,一直以制度创新为核心,率先探索金融开放,对标最高标准,聚焦投资、贸易、金融、事中事后监管等领域,率先构建与国际通行规则接轨的制度体系,完成了外商投资负面清单、国际贸易"单一窗口"、证照分离等一批基础性和核心制度的创新。按照"三区一堡""三个联动"的目标要求，上海自贸试验区在坚持宏观审慎、风险可控前提下，稳步推进金融开放与创新并取得了明显的成效；在服务和支持"一带一路"建设方面取得了迅速发展，制定了服务"一带一路"建设的行动方案；在政府和市场共同推动下，营造了全球企业参与"一带一路"建设和发展的基础环境。但与此同时，上海自贸试验区金融开放与创新的进展速度与市场主体预期之间仍有一定的落差，上海自贸试验区支持和服务"一带一路"建设仍存在短板和不足。

对此，本书提出上海自贸试验区金融进一步开放的总体思路，对标国际高阶经贸的规则和全面建成上海国际金融中心的目标，对接"一带一路"建设的金融开放创新的需求，与上海国际金融中心建设深度协同发展。在此总体思路下，本书提出上海自贸试验区金融开放的重点领域以及进一步开放与创新的具体实施路径，稳步推进人民币资本项目的可兑换，大力推动人民币国际化，加大自贸试验区金融服务业的对内对外开放等。

本书进一步提出了上海自贸试验区支持和服务"一带一路"投融资的总体方案，指出上海自贸试验区支持与服务"一带一路"建设的具体实施路径：对接"一带一路"建设的投融资需求，利用上海自贸试验区的特殊功能优势，发挥其金融开放的优势，尤其是自贸试验区新片区；把上海自贸试验区建设成为"一带一路"投融资中心、推动市场主体"走出去"的桥头堡以及全球人民币资产配置的中心，与"一带一路"建设形成深度联动与协同发展；发挥上海在长三角区域一体化经济中的带头和辐射作用,使长三角地区成为推动"一带一路"建设的重要经济地域力量。

　　本书是作者主持负责国家社会科学基金项目"对接'一带一路'建设的中国(上海)自贸区金融创新研究"(项目编号:16BJY158,结项证号:20211260)的重要成果。同时,也是作者多年来主持上海自贸试验区金融开放、上海国际金融中心建设、"一带一路"投融资建设等上海市人民政府决策咨询相关重点课题的研究积累。

秦焕梅

2022 年 6 月

目 录

第1章　绪　论　　　　　　　　　　　　　　　　　　　001

第2章　上海自贸试验区与上海国际金融中心建设的联动　　007

　2.1　上海自贸试验区发展现状　　　　　　　　　　　007

　2.2　上海国际金融中心的建设　　　　　　　　　　　012

　2.3　上海自贸试验区与上海国际金融中心的联动
　　　　效应　　　　　　　　　　　　　　　　　　　023

第3章　上海自贸试验区金融开放与创新的主要成效与薄弱
　　　　之处　　　　　　　　　　　　　　　　　　　035

　3.1　上海自贸试验区金融开放与创新的主要成效与
　　　　现状　　　　　　　　　　　　　　　　　　　035

　3.2　上海自贸试验区金融开放的薄弱与不足　　　　　059

　3.3　上海自贸试验区金融开放不明显的原因分析　　　063

第4章 上海自贸试验区进一步扩大金融开放与创新　　066

　　4.1 上海自贸试验区进一步扩大金融开放与创新的

　　　　总体思路　　066

　　4.2 上海自贸试验区进一步扩大金融开放与创新的

　　　　重点领域　　070

　　4.3 上海自贸试验区进一步扩大金融开放与创新的

　　　　具体实施路径　　077

第5章 上海自贸试验区在服务国家"一带一路"建设中的

功能定位　　108

　　5.1 "一带一路"建设的融资需求　　108

　　5.2 "一带一路"建设对上海自贸试验区的融资需求　　120

　　5.3 上海自贸试验区在服务国家"一带一路"建设中的

　　　　优势和定位　　124

第6章 上海自贸试验区支持和服务"一带一路"建设的

现状与不足　　130

　　6.1 上海自贸试验区支持和服务"一带一路"建设的

　　　　现状　　130

　　6.2 上海自贸试验区支持和服务"一带一路"建设的

　　　　主要成效　　133

　　6.3 上海自贸试验区支持和服务"一带一路"建设的

　　　　薄弱之处　　138

第7章 上海自贸试验区金融开放与创新支持和服务

"一带一路"建设的具体路径　　142

7.1 上海自贸试验区金融开放与创新在"一带一路" 建设中的主要功能和定位　142

7.2 上海自贸试验区建设"一带一路"投融资服务中心　144

7.3 上海自贸试验区支持和服务"一带一路"建设的 具体实施路径　150

第 8 章　总结与展望　174

参考文献　181

后记　187

第1章 绪 论

2013年9月和10月,中国国家主席习近平在出访中亚和东南亚国家期间,先后提出共建"丝绸之路经济带"(the Silk Road Economic Belt)和"21世纪海上丝绸之路"(the 21st-Century Maritime Silk Road)的合作倡议,简称"一带一路"倡议(the Belt and Road Initiative),得到国际社会高度关注。"一带一路"建设,有利于促进沿线各国经济繁荣与区域经济合作,有助于促进世界和平与发展。为推进实施"一带一路"重大倡议,2015年,国家发展改革委、外交部、商务部联合发布了《推动共建丝绸之路经济带和21世纪海上丝绸之路的愿景与行动》。

"一带一路"倡议的提出,推动了世界经济的全球化发展,增强了沿线各国或地区的跨境贸易投资,促进了基础设施建设,拓宽了劳动力就业渠道,推进了相关地域的经济增长。中国与"一带一路"沿线各国或地区的经济合作与发展,取得了举世瞩目的成绩,各方共同推动了世界经济新格局。据中国海关统计,2013—2021 年,中国与"一带一路"沿线国家进出口总值从 6.46 万亿元增长至 11.6 万亿元,年均增长 7.5%,占同期中国外贸总值的比例从 25%提升至 29.7%;2021 年,中国对"一带一路"沿线国家进出口 11.6 万亿元,增长 23.6%,较同期中国外贸整体增速高出 2.2 个百分点。其中,出口 6.59 万亿元,增长 21.5%;进口 5.01 万亿元,增长 26.4%。据商务部统计,2013—2020 年,中国对"一带一路"沿线国家累计直接投资 1 398.5 亿美元;截至 2020 年底,中国在"一带一路"沿线国家设立境外企业超过 1.1 万家,2020 年当年实现直接投资 225.4 亿美元,同比增长 20.6%,占同期流量的 14.7%;年末存量 2 007.9 亿美元,占存量总额的 7.8%。2021 年,中国企业在"一带一路"沿线对 57 个国家非金融类直接投资 1 309.7 亿元人民币,同比增长 6.7%,占同期总额的 17.9%,较上年同期上升 1.7 个百分点,主要投向新加坡、印度尼西亚、马来西亚、越南、孟加拉国、阿拉伯联合酋长国、老挝、泰国、哈萨克斯坦和柬埔寨等国家。2021 年中国克服新冠肺炎疫情影响,与塞尔维亚、智利、伊朗、乌干达、南非等五个共建"一带一路"国家签署了"经认证的经营者"(AEO)互认合作协议。截至 2022 年 6 月,中国已与 149 个国家和 32 个国际组织签署 200 多份共建"一带一路"合作文件。

"一带一路"建设离不开金融支持。金融是现代经济的血液。"一带一路"沿线基础设施和建设发展的融资需求缺口巨大。亚洲基础设施投资银行(以下简称"亚投行")、丝路基金以及政策性金融机构,在"一带一路"建设中发挥着市场融资的引领作用。然而,仅仅依靠这些政策性金融的资金支持,难以满足"一带一路"建设的融资需求。这就需要开展多边的融资合作和创新的融资机制来支持"一带一路"建设的持续性资金需求缺口。通过加快开发性金融和资本市场中长期的产品创新,为沿线国家或地区的基础设施建设提供中长期可持续资金支持,进而促进区域经济的发展。

上海居于 21 世纪海上丝绸之路与长江经济带物理空间的交会点,处于中国对外扩大开放与对内深化改革的交会点,拥有中国金融改革开放和创新的"国家试验区",即中国(上海)自由贸易试验区。中国(上海)自由贸易试验区(以下简称"上海自贸试验区"),是中国政府设立在上海的区域性自由贸易园区,属中国自由贸易区范畴。2013 年 9 月 29 日,上海自贸试验区正式挂牌成立,总面积 28.78 平方千米,涵盖上海市外高桥保税区、外高桥保税物流园区、洋山保税港区和上海浦东机场综合保税区等四个海关特殊监管区域。2014 年 12 月 28 日,上海自贸试验区面积扩展到 120.72 平方千米,增加了金桥出口加工区、张江高科技园区和陆家嘴金融贸易区。2019 年 8 月 20 日,中国(上海)自由贸易试验区临港新片区正式揭牌,2020 年 9 月 1 日,临港新片区启动强化竞争政策实施试点。

2013 年 9 月 18 日,国务院印发《中国(上海)自由贸易试验区总体方案》,就上海自贸试验区总体要求、主要任务和措施,以及营造相应的监管环境等主要环节作出了明确要求。2014 年 6 月 28 日,国务院批准了在上海自贸试验区内进一步扩大开放的 31 条措施,这些措施涉及服务业领域 14 条、制造业领域 14 条,采矿业领域 2 条,建筑业领域 1 条;其中,在服务业扩大开放方面,在 2013 年 23 条服务业扩大开放措施的基础上,又新增了 14 条开放措施。2015 年 1 月 29 日,《国务院关于推广中国(上海)自由贸易试验区可复制改革试点经验的通知》发布,对上海自贸试验区可复制改革试点经验在全国范围内的推广工作进行了全面部署。2015 年 10 月,中国人民银行、商务部、银监会、证监会、保监局、外汇局和上海市人民政府印发了《进一步推进中国(上海)自由贸易试验区金融开放创新试点 加快上海国际金融中心建设方案》,即所谓"金改 40 条",标志着上海自贸试验区金融改革和上海国际金融中心建设联动进一步实施推进。2017 年 3 月,国务院印发了《全面深化中国(上海)自由贸易试验区改革开放方案》(即所谓的上海自贸试验区"3.0 版"),明确提出上海自贸试验区服务国家"一带一路"建设,成为推动市场主体"走出去"的桥头堡,标志着上海自贸试验区支持与服务"一带一路"建设。2020 年 9 月 25 日英国智库 Z/Yen 集团与中国(深圳)综合开发研究院联合编制的第 28 期"全球金融中心指数"(GFCI)显示,上海首次晋升全球金融中心排名第三位,仅次于纽约和伦敦。2021 年 3 月 17 日,第 29 期 GFCI 发布,上海仍仅次于纽约和伦敦,在全球金融中心排名第三。这是上海在营造良好金融生态环境方面持续发力,金融核心功能不断得到提升的重要体现。上海自贸试验区依托自身优势,在服务"一带一路"建设中发挥着金融开放与创新"先行先试"与辐射的功能作用。

近年来随着贸易保护主义的抬头,很多发达国家高筑贸易壁垒,对国际贸易投资作出了不同程度的限制,全球跨境投资日趋严格。中美经贸摩擦,使中国企业海外并购困难或撤回数量剧增,迫使企业重新审视和调整全球产业价值链和供应链的定位与布局。
2020 年 11 月 15 日《区域全面经济伙伴关系协定》(RCEP)签署,对
多边贸易和区域经济一体化具有重要意义。今后,在以国内大循环
为主体,国际国内双循环相互促进的新发展格局中,中国企业一方
面,需要把握机遇,加强合作共赢,提升全球化经营能力;另一方面,
需要切实提高海外权益保护和安全防范的能力。

尽管受 2020 年全球新冠肺炎疫情的影响,世界经济低迷,但中
国与"一带一路"相关国家的经贸合作仍取得了骄人的成绩。越来
越多的国家和国际组织加入共商共建共享的合作圈。2021 年中国
克服疫情带来的困难,与塞尔维亚、智利、伊朗、乌干达、南非等五个
共建"一带一路"国家签署了"经认证的经营者"(AEO)互认合作
协议。

上海自贸试验区的金融开放与创新,如何对接"一带一路"建设
的投融资需求? 如何利用上海自贸试验区金融开放与创新的优势
来支持和服务"一带一路"建设? 如何促进上海自贸试验区支持"一
带一路"可持续性投融资? 这些是国内外经济形势和新发展格局下
的重要问题。为此,本书主要围绕上述问题展开研究,旨在解决上
海自贸试验区金融开放与创新如何支持服务"一带一路"建设的难
点问题,尤其是针对上海自贸试验区建设与上海国际金融中心建
设、"一带一路"建设三者之间的联动。

本书内容主要就对接"一带一路"建设的上海自贸试验区金融
开放与创新进行研究和阐述。通过分析上海自贸试验区发展现状,
上海自贸试验区与上海国际金融中心建设的联动,上海自贸试验区

金融开放与创新的主要成效及其薄弱之处,提出了上海自贸试验区进一步扩大金融开放与创新的总体思路和重点领域。然后,在上海自贸试验区服务国家"一带一路"建设功能定位的基础上,深入分析了上海自贸试验区支持和服务"一带一路"建设的现状与不足。最后,本书提出了上海自贸试验区金融开放与创新支持和服务"一带一路"建设的总体方案和具体实施路径。

本书的研究建立在大量实地调研的基础上,采用前瞻性理论研究与现实性实际问题相结合的方法,旨在就上海自贸试验区与上海国际金融中心的联动、上海自贸试验区进一步扩大金融开放与创新、上海自贸试验区支持与服务"一带一路"建设的具体实施路径等问题,提出可行的对策和建议。

第 2 章　上海自贸试验区与上海国际金融中心建设的联动

2.1　上海自贸试验区发展现状

　　2013 年 9 月 29 日,中国(上海)自由贸易试验区(以下简称"上海自贸试验区")挂牌正式成立,面积为 28.78 平方千米。2014 年 12 月 28 日,上海自贸试验区的面积扩展到 120.72 平方千米。2019 年 8 月 20 日,上海自贸试验区临港新片区正式揭牌。

　　上海自贸试验区是中国第一个自贸试验区,是深化改革和扩大开放的"试验田"。2016 年,习近平总书记对上海自贸试验区建设作出重要指示强调,"建设上海自贸试验区是党中央、国务院在新形势下全面深化改革和扩大开放的一项战略举措。"自 2013 年 9 月挂牌运行以来,上海自贸试验区先后实施了四版发展方案,并于 2019 年增设临港新片区,不断提高试验层次、逐渐拓展试验领域、持续加大试验力度。

上海自贸试验区的发展,主要体现为以下四个阶段。

2.1.1　上海自贸试验区"1.0 版"

2013 年 9 月 18 日,国务院印发《中国(上海)自由贸易试验区总体方案》。此方案提出,在外高桥保税区等四个海关特殊监管区域内,建设上海自贸试验区。这是中国在全球经贸发展新趋势下,积极主动实施对外开放的重大举措。这是上海自贸试验区"1.0 版"方案的诞生,标志着自贸试验区制度框架的基本建立。

上海自贸试验区设立的第一年,主要集中对投资管理、贸易监管、金融开放和事中事后监管这四大领域的改革开放,产生了 21 项用于后来可复制可推广的经验。

2.1.2　上海自贸试验区"2.0 版"

2015 年 4 月 20 日,国务院印发《进一步深化中国(上海)自由贸易试验区改革开放方案》,即上海自贸试验区"2.0 版"。

此方案指出,上海自贸试验区扩区后要继续制度创新,探索外商投资"准入前国民待遇"+"负面清单"的管理模式,提升事中事后的监管能力与水平,加快政府职能转变,全面深化改革,在全国率先建立国际化的投资贸易规则,"扩展区域后的自贸试验区要当好改革开放排头兵、创新发展先行者,继续以制度创新为核心,贯彻长江经济带发展等国家战略"①,使上海自贸试验区成为中国进一步融入

---

① 参见《进一步深化中国(上海)自由贸易试验区改革开放方案》。

经济全球化的重要载体,并且助推了"一带一路"建设和长江经济带发展。

上海自贸试验区"2.0 版",标志着上海自贸试验区的改革创新力度进一步加大。"2.0 版"方案的一系列创新,缩小了中国原有制度与国际通行规则的差距,为中国迈入更高标准的国际投资与贸易协定打下了基础。

2.1.3 上海自贸试验区"3.0 版"

2017 年 3 月 31 日,国务院正式印发《全面深化中国(上海)自由贸易试验区改革开放方案》,即上海自贸试验区"3.0 版"。

此方案指出,上海自贸试验区要进一步加强与上海国际金融中心的联动,主动服务"一带一路"建设、长江经济带发展,形成经济转型发展新动能和国际竞争新优势。此方案首次提出加强"改革系统集成"的概念,上海自贸试验区应建设为开放和创新融为一体的综合改革试验区,包括更加开放透明的市场准入管理模式、全面实现"证照分离"、建成国际先进水平的国际贸易"单一窗口",以及高效便捷的海关综合监管新模式。此外,方案还提出加强上海自贸试验区与上海国际金融中心建设的联动,在洋山保税港区、上海浦东机场综合保税区等海关特殊监管区域内设立自由贸易港区。

上海自贸试验区"3.0 版",尤其提出上海自贸试验区要建设成为服务"一带一路"建设、推动市场主体"走出去"的桥头堡。上海自贸试验区在"引进来"外商投资的同时,加强企业"走出去"参与沿线国家贸易、技术、资源开发等合作建设,推进上海自贸试验区服务与支持"一带一路"建设的辐射和带动作用。①"3.0 版"方案提出上海自贸试验区要增强"一带一路"金融服务功能。"推动上海国际金融中心与'一带一路'沿线国家和地区金融市场的深度合作、互联互通"和"吸引'一带一路'沿线国家央行、主权财富基金和投资者,投资境内人民币资产,为'一带一路'重大项目提供融资服务。"②

上海自贸试验区"3.0 版",标志着自贸试验区支持与服务"一带一路"建设,明确了上海自贸试验区要建设成为推动市场主体"走出去"的桥头堡的目标和定位。

2.1.4 上海自贸试验区"4.0 时代"

2019 年 8 月 6 日,国务院正式印发《中国(上海)自由贸易试验区临港新片区总体方案》(以下简称《总体方案》),增设临港新片区。接着,2019 年 8 月,上海市人民政府发布《中国(上海)自由贸易试验区临港新片区管理办法》及《关于促进中国(上海)自由贸易试验区临港新片区高质量发展实施特殊支持政策的若干意见》。2019 年 8 月 20 日,上海自贸试验区临港新片区正式揭牌,从此,开启了上海自贸试验区"4.0 时代"。

《总体方案》提出支持临港新片区以"五个自由"为重点,即投资自由、贸易自由、资金自由、运输自由和人员从业自由,大力推进新片区投资贸易自由化和便利化。此方案的提出,一是推动新片区跨

---

① 参见《全面深化中国(上海)自由贸易试验区改革开放方案》第五部分。
② 参见《全面深化中国(上海)自由贸易试验区改革开放方案》第二十一条。

境金融服务发展,简化跨境人民币业务程序;二是探索新片区内资本自由流入、流出和兑换,开展自由贸易账户本外币一体化功能试点;三是新片区内企业和金融机构从境外募集的资金,能够自主进行区内和境外的经营和投资活动;四是放宽金融机构外资持股比例、拓宽外资金融机构的业务经营范围。

上海自贸试验区"4.0 时代",标志着上海自贸试验区支持长三角一体化发展。此次方案的第十九条提出上海自贸试验区要加强与长三角的协同创新发展,"支持境内外投资者在新片区设立联合创新专项资金,就重大科研项目开展合作,允许相关资金在长三角地区自由使用。支持境内投资者在境外发起的私募基金参与新片区创新型科技企业融资,凡符合条件的可在长三角地区投资。支持新片区优势产业向长三角地区拓展形成产业集群。"①第二十二条提出,"带动长三角新一轮改革开放……加强新片区与海关特殊监管区域、经济技术开发区联动,放大辐射带动效应。"②

截至 2022 年 8 月,上海自贸试验区临港新片区已经设立三年,新片区的改革、开放和创新力度前所未有。随着人民币国际化、资本跨境自由流动、绿色智慧全球供应链、全球人才自由定居制度等力度超乎以往的改革措施在区内的逐步研究和试点推出,新片区将继续作为新政策、新机制的国家级"试验田",把上海自贸试验区的建设推向"4.0 版"的新高度和新阶段。

---

① 参见《中国(上海)自由贸易试验区临港新片区总体方案》第十九条。
② 参见《中国(上海)自由贸易试验区临港新片区总体方案》第二十二条。

2.2 上海国际金融中心的建设

上海自贸试验区与上海国际金融中心建设之间是联动发展的。2015 年 10 月 29 日,中国人民银行、银监会、证监会、保监会、商务部、外汇局、上海市人民政府共同印发了《进一步推进中国(上海)自由贸易试验区金融开放创新试点 加快上海国际金融中心建设方案》(即"金改 40 条"),提出"大力促进自贸试验区金融开放创新试点与上海国际金融中心建设的联动,探索新途径、积累新经验,及时总结评估、适时复制推广,更好地为全国深化金融改革和扩大金融开放服务"[①],标志着上海自贸试验区金融改革和上海国际金融中心建设的进一步联动。

2009 年国务院印发《关于推进上海加快发展现代服务业和先进制造业建设国际金融中心和国际航运中心的意见》,提出上海国际金融中心建设的总体目标是,"到 2020 年,基本建成与我国经济实力以及人民币国际地位相适应的国际金融中心"[②],2019 年 1 月 17 日,经国务院同意,中国人民银行等八部门联合印发《上海国际金融中心建设行动计划(2018—2020)》提出,到 2020 年,上海基本确立以人民币产品为主导、具有较强金融资源配置能力和辐射能力的全球性金融市场地位,基本形成公平法治、创新高效、透明开放的金融服务

---

① 参见《进一步推进中国(上海)自由贸易试验区金融开放创新试点 加快上海国际金融中心建设方案》第一部分总体要求。

② 参见《关于推进上海加快发展现代服务业和先进制造业建设国际金融中心和国际航运中心的意见》。

体系,基本建成与中国经济实力以及人民币国际地位相适应的国际金融中心,迈入全球金融中心前列。①目前,上海已经基本实现了此目标,基本建成了与中国经济实力以及人民币国际地位相适应的国际金融中心。

2020 年全球新冠肺炎疫情的暴发,使世界经济出现严重衰退,全球经济和政治秩序将会出现重大调整。与全球其他国家相比较,中国率先控制疫情蔓延恢复经济发展,2020 年上半年,中国 GDP 同比仅下跌 1.6%,美国 GDP 同比实际下降了 4.6%。据世界银行《2020 年营商环境报告》,中国排名比上年上升 15 位,为第 31 位。尽管全球经济受到疫情影响,但上海国际金融中心在全球疫情时期,先后跃居第四位和第三位,显示了上海在全球金融环境和功能体系的实力。

2.2.1 上海国际金融中心建设的主要进展情况

上海国际金融中心建设,在服务国家经济社会发展和金融改革开放过程中取得了重要进展,主要体现为以下五个方面。

1. 基本形成了门类齐全、功能齐备的金融市场体系,市场规模位居全球前列

目前,上海已基本形成了格局完整、种类完备、交易比较活跃的金融市场体系。上海具备股票、债券、外汇、黄金、期货、保险等各类金融要素市场,是世界上金融要素市场最齐备的城市之一。截至 2020 年 9 月,上海股票市场筹资额位居全球第一位,成交额位居全

① 参见《上海国际金融中心建设行动计划(2018—2020)》。

球第三位,总市值位居全球第四位。上海黄金交易所现货黄金交易量,位居全球第一,并推出了黄金"国际版"。上海期货交易所多个品种交易量,位居全球第一,其中,原油期货已位居全球第三大原油期货市场,已成为规模仅次于 WTI(West Texas Intermediate)和 Brent 原油期货的第三大原油期货。2020 年上半年,上海全市金融市场成交额为 1 068.58 万亿元,比上年同期增长 13.4%,其中,中国金融期货交易所、上海黄金交易所成交额分别增长 52.0%和 84.2%,上海期货交易所成交额增长 13.9%。熊猫债在银行间债券市场和上海证券交易所累计发行 3 881.7 亿元。上海航运保险协会代表中国保险业加入国际海上保险联盟,发布全球首个航运保险指数。债券通、沪港通、沪伦通已成功运行。此外,上海金、上海银、上海油以及上海铜等一系列以人民币计价的基准价格相继推出,进一步提升了人民币产品的定价能力。

2. 基本形成了更加健全、业态丰富多元的金融机构体系,金融业务规模不断扩大

上海基本形成了中外资金融机构荟萃、业态丰富多元的金融机构体系。国际性、总部型以及功能性的金融机构汇聚在上海。金砖国家新开发银行、跨境银行间支付清算公司、全球中央对手方协会(CCP12)、中债金融估值中心等重要的金融机构已落户上海。其中,全球中央对手方协会发布的"外滩标准",是其在上海开始运营后取得的首个重要成果,意味着中国更加深入地参与到国际金融治理与国际金融体系改革之中。

截至 2019 年年末,上海持牌金融机构总数已达 1 646 家,与

2009年相比较增加了660家;其中,外资金融机构517家,占全市金融机构总数30％左右;外资法人银行、合资基金管理公司、外资保险公司均占国内的一半左右。全球著名金融机构也在沪设立外资独资或合资金融机构。全球资管规模排名前十的资管机构已全部在沪开展业务。首批外资控股的新设合资券商——摩根大通证券、野村东方国际证券,首家外资独资保险控股公司安联保险、外资独资寿险公司友邦人寿、外资控股合资理财公司汇华理财、外商独资公募基金管理公司贝莱德基金等也落户上海。2021年12月底,上海集聚的持牌金融机构已近1700家。上海作为中国金融开放前沿的地位更加凸显,国际化程度不断提高。

3. 基本形成了对外开放扩大、功能较为完善的金融服务体系

上海已聚集着众多的外资金融机构,总部设在上海的外资法人银行、合资基金管理公司、外资保险公司均占国内的一半左右。银行间债券、外汇、票据等金融市场,不断加快对外开放。人民币海外投贷基金、跨境ETF等已推出试点运行。2017年6月26日,上海市金融服务办公室、中国(上海)自由贸易试验区管理委员会印发了《中国(上海)自由贸易试验区金融服务业对外开放负面清单指引(2017年版)》,为外资进入上海自贸试验区的金融领域提供了便利,也是上海贯彻落实国家金融服务业扩大开放的重大举措。2018年,上海制定了金融领域六个方面的对外开放(包括扩大银行业、证券、保险业对外开放,扩大金融市场开放,拓展自由贸易账户功能和使用范围,放开银行卡清算机构和非银行支付机构市场准入等),32条具体措施,并且推出了两批23个金融业对外开放项目。2019年9

月,国家外汇管理局取消合格境外机构投资者(QFII)和人民币合格境外机构投资者(RQFII)的投资额度限制,进一步扩大了中国金融市场对外开放。

4. 基本形成了协同国家战略效应不断凸显、金融开放创新的先行区

上海肩负着全国"改革开放排头兵、创新发展先行者"的重任。尤其是"一带一路"倡议,和中国(上海)自由贸易试验区、建设具有全球影响力的科技创新中心、长三角一体化等国家战略提出后,上海在这些国家重大金融改革和开放方面具有"先行先试"的优势,同时,不断扩大金融开放的力度,对接协同这些国家规划和战略的效应不断凸显。上海探索自贸试验区金融改革,设立自由贸易账户体系,在跨境融资宏观审慎管理、本外币双向资金池等方面实施了很多创新举措,也率先在全国进行跨境人民币业务、投贷联动等业务试点。并且,顺利推出科创板并成功试点注册制,截至2020年9月末,科创板上市企业183家,累计募集资金2 696亿元,总市值2.88万亿元。截至2022年7月23日,科创板上市公司达439家,总市值达到5.57万亿元。此外,上海金融机构已陆续建立服务于长三角区域一体化高质量发展的健全运行机制。"沪伦通"开启、上海自贸试验区新片区设立等,促进上海成为创新集群、制造产业集群、长三角都市群等功能叠加的全球城市。

5. 基本形成了金融发展环境持续优化、风险防范能力不断增强的中心城市

2018年3月28日,中央全面深化改革委员会第一次会议通过

《关于设立上海金融法院的方案》。上海陆续建立了金融审判庭、金融检察处(科)、金融仲裁院、金融消费权益保护局、金融纠纷调解中心等,并且在全国率先推出了《上海国际金融中心法治环境建设》白皮书。中国人民银行上海征信中心已建成了全国集中、统一的企业和个人信用信息基础数据库,上海市公共信用信息服务平台也已经开通运行。2017 年 10 月 1 日起施行的《上海市社会信用条例》是全国首个地方综合性信用条例。上海的信用体系建设取得了重要进展。上海的人才发展环境也在不断优化,主动积极吸引、集聚金融人才。2019 年 1 月,上海人才总量超过 488 万人,截至 2021 年 11 月,上海人才总量达到 675 万人,来沪创业和工作的留学人员达 22 万余人。可见,上海金融发展环境得到了持续地优化,金融风险防范能力不断增强。

同时,应该看到,上海国际金融中心仍存在一些不足和短板。比如,全球金融资源配置功能有待增强;金融市场国际化程度和定价能力有待提升;与金融开放创新相适应的法治和监管体系还需要继续完善;信息技术及数据基础设施建设还需加强等。

2.2.2　上海国际金融中心建设的努力方向

在总结"十三五"时期建设的基础上,"十四五"时期上海国际金融中心的建设,一方面,应在"到 2020 年,基本建成与我国经济实力以及人民币国际地位相适应的国际金融中心"[①]这一目标的基础上,

———————

① 参见《关于推进上海发展现代服务业和先进制造业建设国际金融中心和国际航运中心的意见》。

继续深化上海国际金融中心建设;另一方面,把上海建设成为人民币金融资产配置的国际金融中心。因此,"十四五"时期,上海国际金融中心建设的目标是,到 2025 年,将上海建设成为与中国经济实力相匹配、与人民币国际地位相适应、具有全球人民币金融资产配置能力的国际金融中心。其主要标志是将上海建设成全球人民币金融资产配置中心、全球人民币金融资产风险管理中心、全球金融科技中心。

2020 年,全球新冠肺炎疫情暴发,世界经济增长放缓。在此国际经济形势下,结合"十四五"时期上海国际金融中心的目标和主要标志,上海下一步将加快提升金融中心能级,扩大金融开放的力度,加强全球资源配置的能力,努力成为国内大循环的中心点和国际国内双循环的重要连接点,更好地支持和服务"一带一路"建设、长三角一体化以及国内经济的高质量发展。具体体现为以下六个方面。

1. 协同国家战略,增强上海在全球金融市场的国际影响力

上海承载着服务"一带一路"建设,上海自贸试验区建设、长三角一体化、全球科创中心建设等国家战略的重任,上海的金融开放与创新在全国起着带领和辐射的作用,因此,上海国际金融中心建设的下一步,应协同国家战略发展。其中,上海自由贸易账户可在长三角区域、"一带一路"建设中进行推广和应用,使其在对外投资和引进外资的金融市场中,发挥风险隔离的独特功能。同时,推进上海全球科创中心的建设,这也是上海不同于纽约、伦敦等成熟国际金融中心的特色。2019 年 6 月 13 日,上海证券交易所"科创板"开板,这是上海资本市场改革和金融支持科技创新企业发展的重要

里程碑。

2. 推进上海成为全球人民币投融资中心

(1) 加快建设人民币跨境投融资中心。人民币跨境支付系统二期全面投产,向境内外参与者的跨境人民币业务提供资金清算结算服务,是符合国际标准的重要金融基础设施。截至 2018 年 3 月底,人民币跨境支付系统共有 31 家境内外直接参与者,695 家境内外间接参与者,实际业务范围已延伸到 148 个国家和地区。2022 年 6 月末,人民币跨境支付系统共有 1 341 家参与者,其中直接参与者 76家,间接参与者 1 265 家。在间接参与者中,亚洲 965 家(境内 547家),欧洲 185 家,非洲 46 家,北美洲 29 家,大洋洲 23 家,南美洲 17 家,覆盖了全球 106 个国家和地区。人民币跨境支付系统为跨境投融资提供了重要便捷的服务,应加快建设人民币跨境投融资中心。

(2) 推进人民币在国际上的使用率。虽然人民币跨境使用在迅速增加,但人民币在国际上的使用率却不是很理想。据环球银行金融电信协会(SWIFT)发布数据统计显示,2022 年 6 月人民币在全球支付中的占比为 2.17%,居全球第五大支付货币的位置。上海国际金融中心建设应推进人民币在国际上的使用率,深化人民币国际化进程,拓展人民币的国际投融投资使用。

(3) 提升"上海价格"国际影响力。一方面,推进人民币基准利率体系建设,完善上海关键收益率曲线以及上海银行间同业拆放利率,建成一个类似于伦敦同业拆借利率的上海人民币全球利率标准;另一方面,完善"上海金""上海油"定价机制,提高价格国际影响力。

3. 推动上海建设成为全球金融科技中心

(1) 支持大数据、云计算、人工智能等在金融服务领域的发展。传统金融的服务模式已无法完全满足企业的各类金融需求,金融业务、产品、服务的创新越来越多,金融科技介入可帮助金融结构在实现模式上进行创新,优化金融基础结构,提升金融服务效率。金融科技广泛推广到金融机构和资本市场,将大大提高金融服务的供给和效率。

(2) 加强金融科技在金融信息方面的应用。金融科技在解决金融领域长期存在的信息不对称问题上有显著作用,借助科技能够挖掘分析数据以提供丰富且可靠的信用信息,助力金融体系的高效运行。

(3) 加快金融科技复合人才的培养和引进。金融科技既涉及金融领域,又涉及科技领域,对人才的需求表现为专业化、复合化、素质化的趋势。目前上海在金融科技的学科建设、专业核心能力培养等方面还存在不足,金融科技人才缺乏。因此,应加快上海金融科技复合人才的培养和引进,以此推进上海建设成为全球金融科技中心。

(4) 促进金融科技在金融风险管理方面应用。人工智能、大数据、区块链等已经对传统的金融风险管理模式带来了新的变化。金融科技通过向传统金融机构输出大数据与人工智能的风险控制能力,帮助机构构建贯穿全生命周期的风险识别、分析、决策系统,使其提升金融机构风险管理能力。

4. 加强上海国际金融中心与香港之间互补互利

(1) 上海与香港的国际金融中心定位不同。香港的国际金融中心,与香港本身是自由贸易港密不可分。香港是世界上最大最开放的自由港,2018 年已经连续 24 年是全球最自由经济体。香港与纽约、伦敦统称为"纽伦港",其重要的原因是香港的自由和法治。香港的自由,充分体现在它本身是自由贸易港,其资金、货币、货物可以自由往来,信息可以自由流通,也体现在税赋低,营商环境好上。香港完全放开外汇市场,个人和企业在香港可以自由兑换外汇。香港的法治则体现在廉政公署严查腐败和司法独立上。港币汇率和美元挂钩,而美元是国际货币,可以兑换各个国家的货币。而上海的国际金融中心,主要定位在建立与人民币国际化地位相适应、人民币金融资产配置的国际金融中心,人民币自由可兑换并不是上海建设国际金融中心的必要条件。

(2)上海与香港的国际金融中心各具特色。上海是建立与中国经济实力相匹配、与人民币国际地位相适应、人民币金融资产配置的国际金融中心。而香港是全球最大的人民币离岸交易中心,占人民币支付交易的79%。作为一个国际金融中心,香港的核心竞争优势并非只有政府行政力量或优惠政策,或是前往香港上市的公司数量,还有以律师、会计师、投行和专业咨询等众多专业人士所组成的"群聚"效应,这些共同为香港国际金融中心地位的巩固和发展奠定了坚实的基础。

(3)上海与香港两者互补互利。香港和上海在金融领域的互补性大于竞争性。中国吸引的外资中港资占了68%,香港作为仅次于美国的全球第二大的投资金额接收地。香港国际金融中心的特点是经营境外货币,市场参与者既可以经营离岸业务,又可以经营在地业务。其离岸金融业务对外汇自由流通的要求极高,借款人可以自由挑选货币种类,手续简单且中介机构效率极高,更有低税甚至免税的环境。一方面,一国两制让香港在金融改革上如果出现失败,而不会对内地的金融稳定造成影响;另一方面,香港利用国际金融中心的地位推行自身的金融改革,也是上海和深圳难以相比的巨大优势。对国外金融机构来说,内地的金融准入制度和对内地实行资本管制的担忧,使其无法放弃香港作为桥头堡规避可能存在的风险。上海金融市场的交易量可能在未来将会是香港的十倍甚至百倍,但香港仍是中国重要的金融战略支撑点。

5. 打造全球优质营商环境中心

2014 年至 2018 年 9 月,上海先后 18 次取消和调整不必要或不适用的行政审批事项 1 886 项,彰显了改善营商环境的坚定决心。根据世界银行发布的《2020 营商环境报告》,中国的总体排名比 2019年上升了 15 位,名列第 31 名。其中上海贡献了 55% 的权重。经过多年的发展,上海基本形成市场化、国际化、便利化、法治化的城市营商环境。今后上海要继续在深化简政放权、创新监管方式、深化法治政府建设等方面下大力气,营造更为便利化、国际化、法治化的国际营商环境,打造全球优质营商环境中心,提升上海对全球资源的配置能力。

6. 加强金融监管,提高金融服务国际化水平

(1)加强系统性的金融风险监管。随着国际性跨行业、跨市场之间金融活动频繁,需要将不同的市场、金融行为等连接起来进行系统性的综合监管,因此,应建立系统风险的分析框架、量化测度、评估模型、压力测试、预警监测指标等监管机制,加强系统性金融风险监管。

（2）在上海自贸试验区推进"监管沙盒"，发挥自贸试验区先行先试金融综合监管作用。一方面，推进"监管沙盒"使从事金融创新的机构在确保消费者权益的前提下，可以用特定简化的审批程序来提交申请并取得有限授权，在适用范围内测试其创新模式的效果，监管机构对测试过程进行监控，并对情况进行评估，以判定是否给予正式的监管授权。这不仅激励了金融产品、金融服务和金融科技的创新，而且能够有效地保护消费者和投资者的权益。另一方面，通过自贸试验区推进金融综合监管试点，实现金融监管的机构、人员、业务、风险全覆盖，同时对涉及的金融服务、监管信息实现共享。

（3）提高金融服务的国际化水平。一方面，加快发展各类专业服务机构，尤其是金融中介机构的发展。继续引进高水平国际专业服务机构，进一步提高会计审计、法律服务、资产评估等专业服务业国际化水平。另一方面，加强金融服务业的对外开放，优化金融服务质量，提高金融服务的国家化水平，推进吸引高端金融人才的政策，形成全球金融人才中心。

2.3　上海自贸试验区与上海国际金融中心的联动效应

2.3.1　上海自贸试验区给上海国际金融中心带来的联动

1. 上海自贸试验区探索和推动资本项目可兑换进程与上海国际金融中心的联动

按照国际货币基金组织对资本账户的分类，中国 40 项资本项目中有 35 项全部或部分实现了可兑换。在个人跨境投资、资本市场开放、证券交易所互联互通、外汇管理改革、扩大人民币国际使用和风险防控等六项资本项目可兑换改革全面实施后,就意味着中国完全实现了资本项目可兑换。上海自贸试验区金融改革的重要内容之一,就是实现上述六项的全面突破和全面到位,推动上海率先实现人民币资本项目可兑换,与上海国际金融中心建设形成联动。

2013年12月2日,中国人民银行发布了《关于金融支持中国(上海)自由贸易试验区建设的意见》(以下简称"央行金改30条"),指出上海自贸试验区要探索投融资汇兑便利化,推动资本项目可兑换进程,标志着上海自贸试验区成为资本项目开放的试验区,人民币资本项目可兑换进入了具体实施阶段。2014年5月,上海自贸试验区自由贸易账户系统正式投入使用,标志着围绕贸易和投资便利化的金融改革政策全面实施。2015年2月12日,中国人民银行上海总部发布《中国(上海)自由贸易试验区分账核算业务境外融资与跨境资金流动宏观审慎管理实施细则(试行)》(以下简称《实施细则》),此细则依托自由贸易账户管理系统,建立了以资本约束机制为基础的本外币一体化、统一的境外融资规则;企业和金融机构可以自主开展境外融资活动,扩大了经济主体从境外融资的规模和渠道;提出在上海率先建立资本项目可兑换的路径和管理方式。

上海自贸试验区推进了人民币资本项目可兑换进程,主要体现为六个方面。第一,打通跨境投资有关渠道。2019年9月取消了人民币合格境外机构投资者投资额度及试点的国家和地区限制。截至2019年年末,21个国家和地区共获得人民币合格境外机构投资者投资额度为1.99万亿元;223家境外机构备案或申请投资额度为

6 941 亿元。2019 年,人民币合格境外机构投资者资金流入总金额为 1 293 亿元,流出总金额为 1 553 亿元,净流出金额为 260 亿元。第二,成功启动了沪港通和深港通。打通了上交所、深交所与港交所股票交易的互联互通。第三,完善外汇管理制度。由之前的事前审批,改为有效的事中事后宏观审慎监管。第四,提高了境外机构和投资者投资国内资本市场的便利性。自由贸易账户体系实行"一线放开、二线管住"的监管制度,自贸试验区企业和金融机构的境外融资放开,同时,也提高境外机构投资者投资国内资本市场的便利性。第五,推进人民币国际化,扩大人民币跨境支付和结算。第六,做好风险防范。建立强大的、多角度的、风险跟踪的账户管理系统和监测体系。

2. 上海自贸试验区跨境融资与上海国际金融中心的联动

2013 年 9 月,国务院印发《中国(上海)自由贸易试验区总体方案》明确提出,"鼓励企业充分利用境内外两种资源、两个市场,实现跨境融资自由化。深化外债管理方式改革,促进跨境融资便利化。深化跨国公司总部外汇资金集中运营管理试点,促进跨国公司设立区域性或全球性资金管理中心。"[1]

此后,2015 年《实施细则》的发布,标志着上海自贸试验区新一轮金融改革的开始,有助于推动国家金融改革在上海先行先试,促进上海国际金融中心建设。

(1)上海自贸试验区跨境融资助推上海国际金融中心建设。

上海自贸试验区跨境融资政策的实施,有利于降低企业融资成

---

① 参见《中国(上海)自由贸易试验区总体方案》第七条。

本和实体经济的发展,是推进资本项目可兑换的重要步骤,促进了上海国际金融中心建设。

首先,对服务于实体经济的跨境资金提供了支持。上海自贸试验区内的企业,可根据自身的业务经营需要,通过自由贸易账户从境外融入相对低成本的本外币资金,企业可以充分利用境内外两种资源、两个市场,降低了其生产经营等融资成本。

其次,拓宽了自贸试验区企业从境外融资的规模与渠道。自贸试验区内企业和金融机构,被允许自主开展境外融资活动、计算境外融资的规模、权衡境外融资的结构,这就拓宽了经济主体从境外融资的规模与渠道,打破了区内金融机构不能从境外融资的原有条限,允许区内银行、非银行金融机构如证券公司,从境外融入资金。依托自由贸易账户管理系统,通过风险转换因子等宏观审慎管理手段,进行简政放权,同时进行风险管理。

最后,建立了新的境外融资规则。上海自贸试验区建立了以资金约束机制为基础的本外币一体化、统一的境外融资规则,大大提高了企业和金融机构的融资便利性。2015年4月,上海自贸试验区启动了自由贸易账户的外币服务功能,此后自由贸易账户既具有各类人民币服务功能,也具有经常项下和直接投资项下的外币服务功能。

(2)自贸试验区跨国公司总部外汇资金集中运营。

首先,自贸试验区跨国公司可以通过外汇跨境资金池,提高现金转入和转出境内的便利性。2014年5月,上海自贸试验区启动了跨国公司总部外汇资金集中运营管理试点,对前期跨国公司总部外汇资金集中营运管理、外币资金池和国际贸易结算中心外汇管理试点账户的功能进行重新整理,形成"三合一"的账户体系。这使自贸试验区跨国公司能够在不超出外汇管理局对外借出和对内借入外债限额的同时,最大限度地减少了外债额度的使用。

其次,自贸试验区跨国公司总部外汇资金集中运营,提高了运营效率、节约了结售汇成本。跨国公司的外汇轧差结算业务,在跨境端使用外币结算、在区内使用人民币结算,便利了公司的资金账户管理。区内跨国公司可在中国境内仅保留一个外币账户,为其在华的子公司提供最佳的资金管理,同时,也在很大程度上提高了其运营效率,削减了资金成本,节约了结售汇成本。

最后,改进区内跨国公司资金池的运营管理,助推上海国际金融中心建设。改进上海自贸试验区内跨国公司资金池的运营管理,促进其贸易、投资的便利性,进一步扩大跨国公司的资金集中运营管理范围。对于之前办理跨境资金手续繁琐的公司来说,只要符合条件,就能够直接办理业务,这大大提高了资金管理的便利性,从而使上海自贸试验区吸引更多的国际跨国公司总部、国际金融机构入驻,进而推动上海国际金融中心的建设。

3. 上海自贸试验区离岸人民币业务发展与上海国际金融中心的联动

从一国货币国际化发展的路径来看,人民币要想成为主要国际货币之一,最好是在国际金融中心建立人民币离岸中心。纽约、伦敦、香港、东京等国际金融中心都建有离岸金融市场,中国周边国家如韩国、马来西亚、泰国等都早已建立离岸金融市场。推进上海自贸试验区离岸业务的发展,无疑可以推动上海国际金融中心的建立。

中国人民银行颁布《离岸银行业务管理办法》及其细则,规定中国的离岸银行业务采取"两头在外、内外分离"的经营管理模式,离岸业务的对象严格限定为"非居民"。对上海自贸试验区离岸业务和传统业务分别设立账户,离岸金融机构筹资,只能吸收外国居民、外国银行和公司的存款。

4. 上海自贸试验区人民币跨境贸易结算与上海国际金融中心的联动

上海作为人民币跨境使用的首发城市之一和国际金融中心所在城市,在人民币跨境使用过程中发挥了"排头兵"作用。上海自贸试验区人民币跨境贸易结算,推动了上海国际贸易和投资的发展,促进了上海国际金融中心的建设。主要表现有三个方面。

第一,上海自贸试验区人民币跨境使用,境外银团可以根据区内企业公开披露信息,直接给予企业信用贷款。这一举措是自贸试验区跨境融资模式的创新,也是境内企业通过自贸试验区"走出去"的重要标志。第二,上海自贸试验区推出个人经常项下跨境人民币结算业务,为自贸试验区内个人办理跨境人民币结算业务。区内就业或执业的个人可直接办理经常项下和直接投资项下的跨境人民币结算业务。此前,区内个人只能通过人民币工资购汇,以外币形式进行跨境资金划转。这一举措可以为区内有跨境结算业务需求的个人提供了便利,节约汇兑成本,并且有助于进一步扩大人民币跨境使用。第三,上海自贸试验区跨境贸易人民币结算提高了资金使用效率。企业用本币计价结算节约了汇兑成本、降低了汇率风险,提高了资金使用效率。此外,人民币跨境支付系统的完善,并与环球银行金融电信协会结算体系对接。这不仅可以降低人民币跨境结算的成本,而且从技术层面上扩大了监管覆盖面。

2019 年 7 月 6 日,跨境贸易人民币结算试点在上海启动,标志着人民币在国际贸易中正式成为结算货币,开启了人民币跨境使用的进程。从上海整个地区来看,2009 年,人民币跨境贸易结算量为 81.5 亿元。2010 年,人民币跨境业务量为 465 亿元,到 2018 年已增长到 72 893 亿元;2019 年前 5 个月,其已达到 40 432 亿元,同比增长 46.3%。据国家外汇管理局统计,2019 年人民币跨境收付金额合计 19.67 万亿元,同比增长 24.1%。其中收款 10.02 万亿元,同比增长 25.1%,付款 9.65 万亿元,同比增长 23%,收付比为 1∶0.96,净流入为 3 606 亿元;2018 年的净流入为 1 544 亿元。2019 年人民币跨境收付占同期本外币跨境收付总金额的比例为 38.1%,创历史新高,较上年提高 5.5 个百分点。

5. 上海自贸试验区人民币国际化进程对上海国际金融中心的推动

人民币国际化的实质,就是人民币能够跨越国界,在境外流通,成为国际上普遍认可的计价、结算及储备货币。人民币国际化的进程,回归到最基本问题就是使人民币经常项目(跨境贸易及结算)和资本项目(跨境投资和融资)的开放和便利化。2009 年 7 月,中国人民银行等六部委共同颁布了《跨境贸易人民币结算试点管理办法》和中国人民银行印发了《跨境贸易人民币结算试点管理办法实施细则》,从此人民币国际化开始正式推进。这十几年来,人民币国际化取得长足发展。2020 年年初《上海国际金融中心建设行动计划(2018—2020)》进一步明确,上海将加强金融对外开放,在风险可控前提下有序推动人民币资本项目可兑换,扩大人民币跨境使用,完善人民币计价结算功能,创新面向国际的人民币金融产品。

上海自贸试验区为人民币国际化提供了新的动力,加速了人民币国际化的进程,进而也推动了上海国际金融中心的建设。

(1)上海自贸试验区金融开放政策促进了人民币国际化,从而推动了上海国际金融中心的建设。上海自贸试验区在风险可控的前提下,可在试验区内对人民币资本项目可兑换、金融市场利率市场化、人民币跨境使用等方面创造条件,进行先行先试。已出台的金融改革政策,涵盖了自贸试验区经常和直接投资项下跨境人民币结算、个人银行结算账户、人民币境外借款、双向人民币资金池等热点业务的推出和常态化运作,能有效推动人民币国际化进程。这些开放性的金融改革,必然会突破目前限制人民币金融交易、资本市场人民币计价结算的制度性障碍。随着上海自贸试验区金融开放政策的出台,许多境内外贸易企业、金融及准金融机构、各类物流企业等主体大量进入上海自贸试验区,以人民币为主的计价与支付手段必将迅速发展,离岸贸易、跨境贸易的人民币结算业务也必将迅速发展。

(2)上海自贸试验区形成离岸和在岸人民币市场桥梁的同时,推动了上海国际金融中心的发展。上海自贸试验区在推动人民币国际化进程中发挥着重要的作用。上海自贸试验区金融安排的核心，被认为是离岸人民币市场和在岸人民币市场之间的连接桥梁，使人民币能够"走出去"，也能够"流回来"。"央行金改 30 条"允许"在区内注册的金融机构和企业可按规定进入上海地区的证券和期货交易场所进行投资和交易。区内企业的境外母公司可按国家有关法规在境内资本市场发行人民币债券"。允许不在自贸试验区内注册的离岸机构开立非居民自由贸易账户，并可与居民自由贸易账户、境外账户以及境内区外的非居民账户之间进行资金的自由划转。这对在上海自贸试验区开展业务的离岸机构来说，进行贸易、融资、投资时都将面临较之前更少的限制。上海自贸试验区在逐渐形成离岸人民币市场和在岸人民币市场之间桥梁的同时，也推动了上海国际金融中心的发展。

6. 陆家嘴金融片区对上海国际金融中心建设的重要作用

自贸试验区先行先试人民币资本账户开放，逐步推进人民币可自由兑换等金融创新，试点内容涉及利率市场化、汇率自由兑换、金融业对外开放、产品创新、人民币离岸业务等金融方面的改革，这些改革以上海自贸试验区陆家嘴金融片区为着力点，向上海国际金融中心建设辐射。

陆家嘴金融片区的定位，主要是发挥金融创新和服务业开放优势，着力提升高能级金融机构和要素市场的集聚功能，大力推进面向国际的要素市场建设，支持上交所、上期所、中金所等拓展国际业务，推动央企、国内知名大企业设立地区总部或金融平台。在自贸试验区扩区的契机下，陆家嘴金融片区的新兴金融业发展迅猛，片区内的私募证券、股权投资、融资租赁、商业保理等新兴金融机构加速集聚,为提升跨境金融服务能力夯实了基础,有助于推动上海国际金融中心的建设。

面对上海国际金融中心和自贸试验区建设的双重机遇,陆家嘴金融片区需更多关注新业态、新机遇、新成分,努力营造国际化、市场化、法治化营商环境,集聚高能级功能性要素平台和重点金融、航运、总部机构,提升金融服务实体经济、促进全产业链发展和辐射长三角经济带的能力,力争成为全球资源跨境配置的重要基地,成为引领上海国际金融中心建设的金融创新高地。

2.3.2　上海国际金融中心给上海自贸试验区带来的联动

1. 上海跨境人民币结算对自贸试验区跨境人民币结算的联动

随着开展跨境人民币结算的境外地区逐渐扩大、试点企业数量持续增加以及境外企业持有人民币的投资渠道的拓宽,上海市跨境人民币结算业务量快速增长。跨境人民币结算,有利于企业有效规避汇率风险,节省了企业进行外币衍生品交易的相关费用及企业两次汇兑所引起的部分汇兑成本,提高了企业资金使用效率。尤其是,上海市将配合"一带一路"倡议,全面推进人民币跨境双向使用。这将促进上海自贸试验区贸易、投资与金融三者并行发展。

2. 上海新金融和多层次资本市场发展对自贸试验区金融市场的联动与协同

上海新金融业态和多层次资本市场发展,促进了上海自贸试验区金融市场建设。近年来,上海新金融迅速发展,私募股权基金、风险投资基金等新的金融业态发展,消费金融公司、汽车金融公司、货币经纪公司等非银行新型金融机构的出现,私人银行、银行的小企业专营机构等传统金融机构提供的新业务等迅速发展,互联网金融以及民营银行的发展,这些会进一步巩固上海国际金融中心的地位,也会对上海自贸试验区的发展带来重要的推动作用。今后,上海自贸试验区将继续支持符合条件的民营资本在区内设立自担风险的金融机构。上海自贸试验区也将放宽外资进入金融服务业的投资限制,逐步扩大外资持股比例。

目前上海已经有了黄金交易所、证券交易所、银行间市场、商品期货交易所、金融期货交易所,是全国金融市场体系最完备的城市。这些多层次资本市场的发展,推动了上海自贸试验区黄金、外汇、证券、期货、原油等面向自贸试验区和国际的交易、清算、结算平台的建立和发展。

3. 上海国际金融中心建设推进自贸试验区探索人民币资本项目可兑换

上海要建设国际金融中心,就要争取在上海率先实现资本项目可兑换,将大部分不可兑换项目和部分可兑换项目,特别是有关资本货币市场与个人的项目转换为可兑换项目。加快实现人民币资本项目可兑换,既是上海建设国际金融中心的需要,又是人民币国际化的需要。按照国际货币基金组织的分类,资本项目包括 7 大类 40 个子项,目前中国完全可兑换或部分可兑换的有 35 项,不可兑换的仅有 5 项。上海自贸试验区是中国金融开放的"试验田",人民币资本项目可兑换在上海自贸试验区进行先行先试。上海自贸试验区自由贸易账户的实施、分账核算业务境外融资与跨境资金流动宏观审慎管理实施细则的推出,是推进资本项目可兑换的重要步骤。临港新片区肩负着中国新一轮金融开放的重任。后疫情时期,中国稳定的经济环境吸引了更多的国际资本,上海国际金融中心建设取得了耀人的成绩。在以国内大循环为主体、国内国际双循环相互促进的新发展格局背景下,上海国际金融中心建设将继续推进自贸试验区探索人民币资本项目可兑换。

第3章 上海自贸试验区金融开放与创新的主要成效与薄弱之处

3.1 上海自贸试验区金融开放与创新的主要成效与现状

3.1.1 上海自贸试验区金融改革与开放的发展阶段

上海自贸试验区金融改革与开放,主要体现为以下六个阶段:

1. 自贸试验区"金改 1.0 版"

自 2013 年 9 月 18 日国务院印发《中国(上海)自由贸易试验区总体方案》开始,自贸试验区进入"1.0 版"时期。据此,上海市会同"一行三会"出台了支持自贸试验区建设的"金改 51 条"意见,上海市"一行三局"相应出台九项实施细则,共同构成了金融支持自贸试验区实体经济发展的总体政策框架,明确了自贸试验区金融改革的总体方向,这是自贸试验区"金改 1.0 版"。

2. 自贸试验区"金改 2.0 版"

2014 年 5 月,中国人民银行上海总部建立的自由贸易账户系统正式投入使用,以自由贸易账户为核心的强大风险管理系统正式投入运行。这标志着围绕贸易和投资便利化的金融改革政策全面实施,自贸试验区进入"金改 2.0 版"。截至 2015 年 2 月,上海自贸试验区共有 13 家中外资银行接入自由贸易账户系统,开立自由贸易账户一万多个,区内人民币境外借款金额为 197 亿元,利率为 4.2%,低于境内融资利率,使自贸试验区企业融资成本大幅降低。

3. 自贸试验区"金改 3.0 版"

2015 年 2 月 12 日,中国人民银行上海总部发布《实施细则》,标志着自贸试验区"金改 3.0 版"开始。"金改 3.0 版"核心是围绕上海国际金融中心建设的各个要素,全面推进利率市场化,扩大金融业对内对外开放,同步推进自贸试验区建设与上海国际金融中心建设。

4. 自贸试验区"金改 4.0 版"

2015 年 10 月 29 日,经国务院同意,中国人民银行、银监会、保监会、证监会、商务部、外汇局和上海市人民政府共同印发了《进一步推进中国(上海)自由贸易试验区金融开放创新试点 加快上海国际金融中心建设方案》,即"金改 40 条",从此自贸试验区进入"金改 4.0 版"。

"金改 40 条"提出了加快推进人民币资本项目可兑换,扩大金融服务业开放,大力推进上海自贸试验区金融开放创新与上海国际金融中心建设之间的联动,对上海自贸试验区改革创新的经验进行总结、适时复制和推广。

　　"金改 40 条"与之前的"金改 51 条",共同构成了以探索人民币资本项目可兑换、扩大金融服务业开放为主要内容的金融制度创新框架体系。"金改 40 条"的出台,标志着上海自贸试验区进入"金改4.0 版"时期;标志着上海自贸试验区金融开放创新与上海国际金融中心建设联动的进一步推进。

　　(1)"金改 40 条"的主要内容。

　　"金改 40 条"包括总体要求和五个方面,共 40 条具体措施。其中,五个方面的政策措施主要为:

　　第一,率先实现人民币资本项目可兑换。"启动自由贸易账户本外币一体化各项业务,进一步拓展自由贸易账户功能。自由贸易账户内本外币资金按宏观审慎的可兑换原则管理。"[①]推进其本外币一体化的各项业务,鼓励和支持金融机构利用自由贸易账户开展金融创新业务,放宽对跨境资本流动的限制,改革和创新外汇管理体制。此方面共包括六条具体政策措施,以推进上海自贸试验区内人民币资本项目可兑换的先行先试。

　　第二,进一步扩大人民币跨境使用。支持上海自贸试验区内企业的境外母公司或者子公司,在境内发行人民币债券,所募集的资金可以根据需要在境内外使用,加强对人民币国际金融产品的创新,促进人民币资金跨境的双向流动,通过推进贸易、实业投资与金融投资三者并重,以推动人民币"走出去"和扩大人民币跨境使用。[②]

---

　　① 参见《进一步推进中国(上海)自由贸易试验区金融开放创新试点　加快上海国际金融中心建设方案》。

　　② 参见《进一步推进中国(上海)自由贸易试验区金融开放创新试点　加快上海国际金融中心建设方案》第七条和第九条。

第三,不断扩大金融服务业对内对外开放。这是"金改40条"发布政策措施最多的方面,从第十条至第二十七条,总共18条具体政策措施,包括支持符合条件的民营资本依法设立金融机构;支持具有离岸业务资格的商业银行在自贸试验区内扩大相关离岸业务;支持面向机构投资者的非标资产交易平台的设立;支持证券期货经营机构在自贸试验区率先开展跨境经纪和跨境资产管理业务,开展证券期货经营机构参与境外证券期货和衍生品交易试点,以及支持上海证券期货经营机构进入银行间外汇市场,开展人民币对外汇即期业务和衍生品交易;允许外资金融机构设立合资证券公司;等等。通过对接国际高标准经贸规则,探索市场准入负面清单制度、金融服务业对外资准入前国民待遇加负面清单管理模式,扩大上海自贸试验区金融服务业的对内对外开放。

第四,加快建设面向国际的金融市场。此方面包括七条政策措施,主要包括支持在中国外汇交易中心、上海自贸试验区设立国际金融资产交易平台,支持设立上海保险交易所,加快上海期货交易所的国际能源交易中心建设,以及支持股权托管交易机构为自贸试验区内的科技型中小企业提供综合金融服务,等等。推进自贸试验区的国际金融市场平台建设,以拓宽境外投资机构和投资者参与国内金融市场,从而增强上海国际金融中心对市场资源配置的功能。

第五,不断加强金融监管,切实防范风险。此方面包括六条具体政策措施,提出了探索建立国际规则的金融监管框架,加强事中事后分析评估、事后备案管理,构建国际监测体系,探索本外币一体化监管体系,"进一步发挥自贸试验区金融协调机制作用,加强跨部门、跨行业、跨市场金融业务监管协调和信息共享"。[①]通过建立上海自贸试验区和上海国际金融中心建设联动的金融监管机制,加强对金融风险的防范。

(2)"金改 40 条"的主要亮点。

通过在上海自贸试验区率先实现人民币资本项目可兑换,扩大人民币跨境使用、金融服务业对内对外开放。建设国际金融市场平台,以推进上海自贸试验区与上海国际金融中心建设之间的联动,这是"金改 40 条"的主要亮点。

(3)"金改 40 条"相关细则。

2016 年 11 月 18 日,上海银监局发布《关于简化中国(上海)自由贸易试验区银行业机构和高管准入方式的实施细则(2016 年)》(以下简称《细则》)。这是上海银监局为贯彻落实"金改 40 条",进一步简政放权、推进市场准入制度创新,更好地服务上海自贸试验区国家战略的重要举措。此《细则》主要包括进一步扩大自贸试验区银行准入简化政策的适用范围,优化区内机构的高管准入程序和提高机构材料报送便利性等三个方面的主要措施。

此《细则》的推出,进一步增强了上海自贸试验区银行改革开放的力度,推进了上海自贸试验区银行业金融机构的集聚与布局优化,促进了上海自贸试验区金融开放试点与上海国际金融中心建设的联动。

---

①　参见《进一步推进中国(上海)自由贸易试验区金融开放创新试点　加快上海国际金融中心建设方案》第三十七条。

5. "金改25条"

2018年6月21日,上海自贸试验区管委会推出了《中国(上海)自由贸易试验区关于扩大金融服务业对外开放进一步形成开发开放新优势的意见》,其推出25条扩大金融业对外开放的新举措,即"金改25条"。

"金改25条"加强了上海国际金融中心与上海自贸试验区建设联动,提出将上海自贸试验区打造成为扩大金融开放的新高地,进一步扩大上海自贸试验区金融业的对外开放,保持其在全国领先地位。

"金改25条"的主要内容为:一是实施吸引外资金融机构集聚的新政策;二是建立便利外资金融机构落户的新机制,三是构筑全面深化金融改革创新的新平台;四是开创金融服务科创中心建设的新格局;五是打造高层次金融人才集聚发展的新高地;六是构建与国际规则接轨的金融法治新生态。这六个方面的内容分为25条措施,凸显了上海自贸试验区金融开放先行先试"试验田"的功能作用,进一步加强了上海自贸试验区与上海国际金融中心建设的联动。

其中,全面深化金融改革创新的新平台方面第十五条提出,增强上海自贸试验区金融服务"一带一路"建设的功能:一是推动上海证券交易所、上海期货交易所、中国金融期货交易所与"一带一路"沿线国家和地区金融市场的深度合作;二是加强上海自贸试验区与境外人民币离岸市场的发展;三是稳妥推进境外机构和企业发行人民币债券和资产证券化产品;四是推进"一带一路"沿线国家金融机构在上海自贸试验区设立分支机构。这些具体政策措施，增强了上海自贸试验区金融服务"一带一路"的功能。

此外，"金改25条"中第二十三条、第二十四条和第二十五条，分别提出以上海金融法院设立为契机，进一步加强与上海金融仲裁院、人民银行金融消费权益保护局、中证中小投资者服务中心、上海银行业纠纷调解中心等金融法律机构合作，建立与国际规则接轨的多层次金融纠纷解决机制，打造上海自贸试验区金融综合监管平台。这对上海自贸试验区建立良好的金融法治生态环境具有重要的作用，同时，也为上海国际金融中心建设营造良好的外商投资环境打下了坚实的基础。

6."新片区50条"

自2019年8月6日，国务院印发《中国（上海）自由贸易试验区临港新片区总体方案》后，上海自贸试验区开始进入"4.0版"时代。2020年5月8日，上海自贸试验区临港新片区管委会、中国人民银行上海总部、上海银保监局、上海证监局、上海市金融工作局，共同发布《全面推进中国（上海）自由贸易试验区临港新片区金融开放与创新发展的若干措施》，即"新片区50条"。

"新片区50条"是《中国（上海）自由贸易试验区临港新片区总体方案》和《关于进一步加快推进上海国际金融中心建设和金融支持长三角一体化发展的意见》（以下简称"30条意见"）的具体细化，也是推动临港新片区金融开放与创新发展的路径规划。

"新片区50条"主要涵盖五个方面的主要内容：第一，全面落实全方位、高水平的金融业对外开放；第二，加快培育具有较强国际国内金融资源配置能力的金融及相关机构体系;第三,进一步强化开放型经济制度创新和风险压力测试;第四,建立和完善金融支持重点产业发展的生态体系;第五,强化个性化的综合服务保障。①这五个方面着力解决中国金融开放与创新中遇到的瓶颈和难题,为推进临港新片区金融开放与创新发展提供实施路径。

总之,上海自贸试验区金融改革开放与创新,主要经历了以上六个阶段,凸显了自贸试验区在与上海国际金融中心联动和服务"一带一路"建设过程中,发挥着金融开放创新"试验田"先行先试的功能和作用。

3.1.2 上海自贸试验区金融开放的现状与主要成效

从 2013 年 9 月上海自贸试验区设立以来,截至 2019 年 4 月底,自贸试验区内新设企业 6 万多家,其中,新设外资企业为 1.1 万多家,其占比从自贸试验区挂牌初期的 5% 增加到 20% 左右。2020 年 7 月上海自贸试验区已有 260 项制度创新成果向全国或特定区域复制推广。

上海自贸试验区坚持先行先试、制度创新,按照"三区一堡""三个联动"的目标要求,在坚持宏观审慎、风险可控前提下,促进了投资和贸易的便利化,推进了金融服务业对内对外开放,推动了事中事后监管等制度创新,着力营造法治化、国际化、便利化的营商环境,并且取得了明显的成效,主要体现在以下几个方面:

---

① 参见《全面推进中国(上海)自由贸易试验区临港新片区金融开放与创新发展的若干措施》。

1. 创新设立自由贸易账户

（1）自由贸易账户的设立。

2013 年 12 月，为了促进上海自贸试验区实体经济发展，加大对跨境投资和贸易的金融支持，深化金融改革，中国人民银行出台了"央行金改 30 条"。其中第四条提出，试验区内的居民可通过设立本外币自由贸易账户，实现分账核算管理，开展投融资创新业务；非居民可在试验区内银行开立本外币非居民自由贸易账户，按准入前国民待遇原则享受相关金融服务。这是人民银行首次提出在上海自贸试验区建立自由贸易账户，并实行分账核算管理。

2014 年 5 月 22 日，中国人民银行上海总部出台了《中国（上海）自由贸易试验区分账核算业务实施细则（试行）》（以下简称《业务实施细则》）和《中国（上海）自由贸易试验区分账核算业务风险审慎管理细则》（以下简称《审慎管理细则》），规范了自由贸易账户分账核算业务及其风险管理。其中，《业务实施细则》详细规定了上海金融机构建立自贸试验区分账核算管理制度的具体要求，以及自由贸易账户的开立、账户资金使用与管理等。《审慎管理细则》对自贸试验区分账核算业务的审慎合格标准，业务审慎合格评估及验收、风险管理、资金异常流动监测预警以及各管制措施等作了明确规定。这两个细则共同构建了有利于风险管理的自由贸易账户体系框架。标志着自由贸易账户系统开始正式投入使用。

2015 年 2 月 12 日，中国人民银行上海总部发布的《实施细则》是在自由贸易账户分账核算管理框架下，为区内企业和金融机构进行境外融资提供了很多便利，降低了企业融资成本，扩大了企业从境外融资的规模和渠道,进一步完善了自由贸易账户功能,标志着上海自贸试验区金融改革和上海国际金融中心建设联动的推进。

"金改25条"第十三条提出,"在金融监管部门的统一布署和支持下,在上海自贸试验区稳步推进资本项目管理的便利化和可兑换,先行先试外汇管理改革,拓展自由贸易账户的投融资功能和适用范围。"①

2018年7月,上海市政府制定了"上海扩大开放100条"行动方案,提出了八个方面重点工作。其中,对着力深化自贸试验区建设,拓展自由贸易账户功能和使用范围具体提出,"将自由贸易账户复制推广至上海市有条件、有需求的企业及长三角和长江经济带的自贸试验区"②,支持境外投资者通过自由贸易账户从事金融市场交易活动等,以此推进自贸试验区金融开放与创新。2018年12月,上海市金融学会跨境金融服务专业委员会正式发布《自由贸易账户业务同业操作指引(第一批试行)》。

(2)自由贸易账户资金的来往。

自由贸易账户的资金管理采取"一线放开,二线管住"的原则。"央行金改30条"第五条提出,"居民自由贸易账户与境外账户、境内区外的非居民账户、非居民自由贸易账户以及其他居民自由贸易账户之间的资金可自由划转。同一非金融机构主体的居民自由贸易账户与其他银行结算账户之间因经常项下业务、偿还贷款、实业投资以及其他符合规定的跨境交易需要可办理资金划转。居民自由

---

① 参见《中国(上海)自由贸易试验区关于扩大金融服务业对外开放进一步形成开发开放新优势的意见》第十三条。

② 参见《上海扩大开放100条》第二十七条。

贸易账户与境内区外的银行结算账户之间产生的资金流动视同跨境业务管理。"①也就是说,"一线"为自由贸易账户连通区内的自由贸易账户、境外账户,其资金可以自由汇兑;"二线"为自由贸易账户连通境内区外账户,其资金划拨为人民币跨境管理。

（3）自由贸易账户体系在金融改革过程中所起的作用。

2014 年 6 月,上海自贸试验区分账核算业务正式启动,自由贸易账户及其运作所需求的分账核算系统,也被视为上海自贸试验区重要的"金融基础设施"。2015 年 4 月自由贸易账户外币服务功能启动,同年 8 月,通过引入"直参"和"间参"模式,将开展自由贸易账户业务的机构范围进一步扩大到尚未设置分账核算单元的上海市级银行机构。因此,自由贸易账户体系在金融改革过程中所起的作用,主要体现为:

其一,金融改革基础设施的作用。今后,许多金融改革都要在自由贸易账户的基础上进行。

其二,风险隔离的功能。可以将自由贸易账户体系看成是金融的"特殊监管区"。"一线"是完全放开的,同境外账户的连通是宏观审慎、基本自由的,"二线"即与境内账户的沟通是有限渗透的,是不自由的、有管制的。中国人民银行上海总部建立了自由贸易账户监测管理信息系统,能够对跨境资金流动实现"实时、逐企业、逐笔、全口径、7×24"的监测和管理,其具有"电子围网"功能,能实施宏观预警,并具备强大的"反洗钱、反恐怖融资"等功能。上海自贸试验区通过建立分账核算的自由贸易账户,在风险可控的前提下,加大对

---

① 参见《关于金融支持中国(上海)自由贸易试验区建设的意见》第五条。

试验区跨境贸易和投资的金融支持力度,实现跨境投融资汇兑便利,更好地服务实体经济发展。

(4)目前自由贸易账户的发展现状。

自由贸易账户既可以提供经常项下和直接投资项下的跨境本外币结算,境内企业人民币结算等服务,又可以开展境外融资、跨境大额存单、跨境贸易等业务。自由贸易账户在上海首先试点后,继而推广到海南、天津、广东使用。

截至2019年3月,上海自贸试验区累计开立自由贸易账户13.6万个,上海自贸试验区自由贸易账户继续拓围,新增跨境再保险结算功能,上海全市已有56家金融机构通过分账核算系统验收,覆盖上海全市符合条件的四类企业,已有4000多家企业开立自由贸易账户。至2021年年末,上海63家各类金融机构共为3.8万家境外及区内企业开立自由贸易账户超过13万个,年末余额折合人民币超4000亿元,较上一年末增长约14%,金融机构与账核算单元跨境同业往来同比上升23%,连续七年同比上升。

自2019年8月临港自贸新片区设立后,自由贸易账户在临港新片区进行试点,临港新片区探索"一带一路"沿线国家的企业在国内股权市场上融资;大力发展离岸金融业务,与陆家嘴金融片区差异化、协同化发展。尤其是,2020年9月,中国人民银行上海分行、上海市商务委发布了《关于明确自由贸易账户支持上海发展离岸经贸业务有关事项的通知》,支持上海发展离岸经贸业务,实现便利化与防风险的有机统一。2021年,上海自由贸易账户支持下的全功能可兑换资金池跨境收支、离岸经贸业务跨境收支及黄金国际板交易跨境收支同比分别增长 69％、72％和 1.8 倍。

2. 建立了宏观审慎的跨境融资制度，降低企业融资成本

中国人民银行上海总部发布的《实施细则》为自贸试验区企业通过自由贸易账户从境外融资提供了更多便利，降低了企业融资成本。此《实施细则》提出，区内企业、非银行金融机构和提供试验区分账核算业务的金融机构，可以从区内和境内融资，也可以从境外融资，采用境外融资风险转换因子和宏观审慎调节参数等进行管理。[①]放开了自贸试验区企业本外币的境外融资，取消了之前境外融资事前审批，用风险转换因子等进行境外融资的风险管理，建立了自贸试验区宏观审慎本外币境外融资制度，扩大了境外融资的规模与渠道。

此《实施细则》的核心是上海自贸试验区企业和金融机构可以自主开展境外融资活动。一方面，企业和金融机构可按规定自主开展本外币的跨境融资，从境外融资的规模和结构不再需要行政审批；另一方面，金融管理部门通过建立对境外融资规模、币种和期限相应的风险管理制度，可以有效调节外债的总体规模和结构，防止出现外债危机。

此细则实施一年后，截至 2016 年 6 月末，企业累计通过自由贸易账户获得的本外币融资总额为 5 032 亿元，人民币平均利率为 4％左右，大幅降低了经济主体的融资成本。2018 年，上海自贸试验区全年跨境人民币结算总额为 25 518.88 亿元，比上年增长了 83.9％，

---

① 《中国(上海)自由贸易试验区分账核算业务境外融资与跨境资金流动宏观审慎管理实施细则》第四条。

占上海全市的 35.3%;跨境双向人民币资金池收支总额为 4 826 亿元,较上年增长 1.8 倍。截至 2020 年 4 月末,上海有 95 家商业银行开办了跨境人民币结算业务,当月结算量为 5 637.34 亿元,全年累计为 20 811.27 亿元。

同时,上海自贸试验区银行的金融服务也在发生变化,传统的金融产品及服务已无法满足新业态下的企业需求,企业对金融服务的新需求不断增长,这就促使银行进行金融服务的改变和完善。2019 年 4 月,海关总署牵头建设的中国国际贸易"单一窗口"标准版在北京、上海、天津、浙江、安徽、福建、广东、海南等地区开展金融保险服务功能试点。中国建设银行作为首批试点银行,通过"单一窗口"可为客户提供预约开户、汇入汇率、汇出汇款、结售汇、"跨境快贷—退税贷"等金融服务,这是继 2019 年 2 月中国建设银行作为首家金融机构与海关总署签署《国际贸易"单一窗口"合作对接试点协议》后又一重大突破。企业可以通过"单一窗口"、网上银行和手机银行等多个渠道接入,"7×24 小时"体验中国建设银行的线上金融服务。可以看出,这是中国建设银行不断提升金融服务能力的体现。

上海自贸试验区率先在全国建立了宏观审慎的境外融资制度,在此基础上,中国人民银行上海总部稳步推进了上海的资本项目可兑换,率先在全国实现了直接投资的全面可兑换,深化了外汇管理体制改革。

3. 扩大跨境人民币使用,大力推动了人民币国际化

(1) 人民币跨境支付系统在自贸试验区上线。

2012 年年初,中国人民银行组织建设了人民币跨境支付系统

(Cross-Border Interbank Payment System,简称"CIPS"),进一步拓展全球人民币跨境支付与结算的使用效率,满足人民币跨境贸易和投资的清算、境内金融市场的跨境货币资金清算、以及人民币与其他币种收付的需求。

2014年2月,中国人民银行上海总部发布了《支持中国(上海)自由贸易试验区扩大人民币跨境使用的通知》,就自贸试验区经常和直接投资项下跨境人民币结算、人民币境外借款、跨境双向人民币资金池、经常项下跨境人民币集中收付业务、跨境电子商务人民币结算业务、跨境人民币交易服务以及信息报送和反洗钱反逃税方面进行了具体规定,促进人民币在全球范围的使用。

人民币跨境支付系统(二期)采用了节约流动性的混合结算方式,提高人民币跨境和离岸资金的清算、结算效率。

2015年10月,人民币跨境支付系统(一期)在上海上线运行,首批19家境内外中外资银行作为直接参与者在人民币跨境支付系统开立账户,通过人民币跨境支付系统直接发送和接受业务。人民币跨境支付系统(一期)采用实时全额结算方式,国际通用ISO20022报文标准,为跨境贸易、跨境直接投资、以及其他跨境人民币业务提供清算、结算服务,运行时间覆盖全球人民币业务的主要时区。人民币跨境支付系统由跨境银行间支付清算(上海)有限责任公司负责进行管理,中国人民银行通过《人民币跨境支付系统运营机构监督管理办法》,对其运营管理做了具体规定。

人民币跨境支付系统(一期)上线后,至2017年12月,直接参与者从上线时19家增加为31家,间接参与者从176家增加为677家,全球 87 个国家和地区都有参与,其中境外间接参与者占 61.74%。据央行数据显示,2017 年,人民币跨境支付系统处理业务 125.90 万笔,金额为 14.55 万亿元,同比分别增长 97.92% 和 233.67%。日均处理业务 5 056.22 笔,金额为 584.50 亿元。

2018 年 3 月,人民币跨境支付系统(二期)投产运行,有 10 家中外资银行试点上线;同年 4 月底时,已处理支付业务 240 多万笔,金额超过 26 万亿元。人民币跨境支付系统(二期)共有 31 家直接参与机构、701 家间接参与机构,参与者覆盖全球 148 个国家和地区,其中"一带一路"沿线国家和地区 58 个。

相较人民币跨境支付系统(一期),人民币跨境支付系统(二期)在功能特点上进行了改进:人民币跨境支付系统(二期)的所有直接参与者均可发起实时全额结算(RTGS)业务,并在此基础上引入定时净额结算(DNS)机制,实现流动性更为节约的混合结算机制,满足参与者的差异化需求;提高人民币跨境和离岸资金的清算、结算效率;业务模式设计既符合国际标准,又兼顾可推广、可拓展要求,支持多种金融市场业务的资金结算;为满足境内外直接参与者夜间调剂流动性的需要,保障支付清算安全,银行间货币市场加开夜盘,运行时间由一期的"5×12 小时"延长至"5×24 小时+4 小时"。

2019 年 1 月,环球银行金融电信协会在与北京市政府签署在北京设立外商独资企业备忘录的同时,还与跨境清算公司(人民币跨境支付系统运营机构)签署了合作意向书,以进一步深化双方在跨境支付业务发展方面的合作。环球银行金融电信协会在京设立外商独资企业,为中国用户提供本地化的服务。在华独资机构成立后,环球银行金融电信协会加入中国支付清算协会并由中国人民银行依法进行监督管理。截至 2019 年 1 月 16 日,中国目前已有 141 家中资银行加入环球银行金融电信协会 GPI(Global Payment Initiative,全球支付创新),这些银行的跨境支付量占所有中资银行跨境支付量的 97% 以上。2020 年,人民币跨境支付系统新增直接参与者(直参)9 家(其中 4 家为境外人民币清算行),新增间接参与者(间参)147 家。截至 2020 年年末,共有境内外 1 092 家机构通过直接或间接方式接入人民币跨境支付系统,其中直参 42 家,较 2015 年 10 月上线初期增加了 23 家;间参 1 050 家,较 2015 年上线初期增加了约 5 倍;通过直参和间参,人民币跨境支付系统实际业务到达全球 171 个国家和地区的 3 300 多家法人银行机构,其中 1 000 多家机构来自"一带一路"沿线国家和地区(不含中国大陆及澳港台地区)。2020 年,人民币跨境支付系统累计处理跨境人民币业务 220.49 万笔,金额为 45.27 万亿元,同比分别增长 17.0% 和 33.4%。

(2) 跨境人民币贸易融资转让服务平台的上线。

2020 年 11 月,跨境人民币贸易融资转让服务平台上线,此服务平台由上海票据交易所建设,为境内外金融机构提供跨境人民币贸易融资的数字化服务平台。此服务平台共有来自 15 个国家和地区的 64 家首批参与机构,其中境内机构 24 家、境外机构 40 家。

2020 年 2 月,经国务院同意,中国人民银行、中国银保监会、中国证监会、国家外汇管理局和上海市政府,正式发布《关于进一步加快推进上海国际金融中心建设和金融支持长三角一体化发展的意见》,提出"在临港新片区内试点开展境内贸易融资资产跨境转让业务"①,促进人民币跨境贸易融资业务的发展。跨境人民币贸易融资转让服务平台的建立,是推进落实此意见的具体举措。

传统的跨境贸易融资二级市场,采用线下询价、一对一交易的模式,价格不够透明,交易效率较低。跨境人民币贸易融资转让服务平台,能够把分散的市场主体集中起来,通过线上报价、标准化电子成交单以及交易协议,提高了市场信息传递和交易的效率。此平台有助于降低企业的贸易融资成本,为金融机构跨境人民币贸易融资提供流动性服务,丰富了跨境人民币业务产品,推进了跨境人民币贸易创新,为全球市场提供了更多的人民币资产融资。

4. 深化外汇管理体制改革,促进了贸易投资便利化

(1) 上海自贸试验区"汇改 1.0 版"。

2014 年 2 月,国家外汇管理局上海分局发布了《支持中国(上海)自由贸易试验区建设外汇管理实施细则》(以下简称《外管细则》)。此《外管细则》主要内容包括便利经常项目结汇或购付汇,放宽对融资租赁类公司的外汇监管,改进跨国公司总部相关外汇管理试点政策等。其中,跨国公司总部外汇资金集中运营管理的便利化政策措施包括以下四点:第一,符合条件的区内企业可开立国内资金主账户,并通过该账户开展经常项目外汇资金集中收付汇、轧差净额结算以及境内成员单位外汇资金集中运营管理等业务;第二,符合条件的区内企业可开立国际资金主账户,此国际资金主账户与

---

① 参见《关于进一步加快推进上海国际金融中心建设和金融支持长三角一体化发展的意见》第七条。

境外资金往来自由;第三,国际资金主账户与国内资金主账户在规定额度内自由划转;第四,区内企业通过国内资金主账户、国际资金主账户开展的各类试点业务,所涉行政审批均改为备案。按照"区内优于区外"的政策导向,大力减政放权,放宽对外债权债务管理,改进跨国公司外汇集中运营管理,完善结售汇管理,便利银行开展大宗商品衍生品的柜台交易。

2014年4月,国家外汇管理局印发《跨国公司外汇资金集中运营管理规定(试行)》,提出创新跨国公司账户体系。2015年8月,国家外汇管理局印发了修订后的《跨国公司外汇资金集中运营管理规定》(以下简称"36号文")。此"36号文"提出,跨国公司可以根据经营需要,在所在地银行开立国内外汇资金主账户,集中运营管理境内成员企业外汇资金,办理经常项目集中收付汇和轧差净额结算等业务,国际外汇资金主账户之间以及与境外机构境内外汇账户、境外资金往来自由。国际外汇资金主账户内资金,不占用企业外债指标,按规定办理外债登记。①以此满足跨国公司对境内外的外汇资金需求,促进贸易投资便利化,探索投融资汇兑便利。

(2)上海自贸试验区"汇改2.0版"。

2015年12月,国家外汇管理局上海市分局印发《进一步推进中国(上海)自由贸易试验区外汇管理改革试点实施细则》,这是贯彻落实"金改40条"的第一个实施细则,允许区内企业(不含金融机构)外债资金实行意愿结汇,进一步简化经常项目外汇收支手续,放宽跨国公司外汇资金集中运营管理条件,支持银行发展人民币与外汇

---

① 参见《跨国公司外汇资金集中运营管理规定》第二条和第三条。

衍生品服务。此为上海自贸试验区"汇改2.0版"。

至2016年6月底,上海自贸试验区内共办理融资租赁类公司融资租赁对外债权业务金额为3.6亿美元,发生对外担保金额为24.3亿美元,办理外保内贷担保费支付69.6万美元;企业办理外汇资本金意愿结汇业务金额为34.3亿美元;10家银行完成大宗商品衍生品柜台交易项下结售汇业务备案,核定的年结售汇总规模合计18.5亿美元;外商投资企业直接投资项下已发生外汇登记业务金额为1 557.3亿美元;对自贸试验区内86家企业出具备案通知书,其中43家企业开展跨国公司总部外汇资金集中运营管理试点。这反映了外汇管理改革促进了上海自贸试验区的贸易投资便利化。

(3)上海自贸试验区"汇改3.0版"。

2018年1月,国家外汇管理局上海分局发布了《进一步推进中国(上海)自由贸易试验区外汇管理改革试点实施细则》,即上海自贸试验区汇改"3.0版"。这是进一步支持上海自贸试验区建设,落实《中国(上海)自由贸易试验区总体方案》《进一步推进中国(上海)自由贸易试验区金融开放创新试点 加快上海国际金融中心建设方案》的推进。此实施细则提出,区内企业外债资金按照意愿结汇方式,办理结汇手续,结汇所得人民币资金划入对应开立的人民币专用存款账户,经银行审核交易的合规性、真实性后直接支付。结汇资金不得直接或间接用于企业经营范围之外或国家法律法规禁止的支出,这样推进了上海自贸试验区外汇结收汇等方面的管理改革。

(4)上海自贸试验区"汇改4.0版"。

2019年7月,国家外汇管理局上海分局印发《进一步推进中国

（上海）自由贸易试验区外汇管理改革试点实施细则（4.0 版）》，以支持上海自贸试验区建设，推进落实《国务院关于支持自由贸易试验区深化改革创新若干措施的通知》。此版实施细则提出，允许在区内试点实施资本项目外汇收入支付便利化业务，"允许区内非投资性外商投资企业在真实、合规的前提下，可按实际投资规模将资本项目外汇收入或结汇所得人民币资金依法用于境内股权投资"[①]，进一步推进了上海自贸试验区外汇管理体制改革，促进了贸易投资自由化。

2019 年 9 月，经国务院批准，国家外汇管理局决定取消合格境外机构投资者和人民币合格境外机构投资者（以下合称"合格境外投资者"）投资额度限制，进一步便利合格境外投资者开展符合规定的境内证券投资。从 2002 年开始实施合格境外机构投资者制度、2011 年实施人民币合格境外机构投资者制度以来，全球 31 个国家和地区的机构投资者共 400 多家，通过此渠道投资中国的金融市场。此次全面取消合格境外投资者投资额度限制，是国家外汇管理局在合格境外投资者外汇管理领域的又一重大改革举措。今后，合格境外投资者参与境内金融市场的便利程度将再次大幅提升，取消合格境外投资者投资额度限制，满足其对中国金融市场投资的需求，进一步扩大中国金融市场的对外开放，提升跨境投融资的便利化程度。

2020 年 9 月，经国务院批准，中国证券监督管理委员会、中国人民银行、国家外汇管理局印发了《合格境外机构投资者和人民币合

---

①　参见《进一步推进中国（上海）自由贸易试验区　外汇管理改革试点实施细则（4.0 版）》第十三条。

格境外机构投资者境内证券期货投资管理办法》,明确并简化境外投资者境内证券期货投资的管理要求,进一步便利其参与中国金融市场。

5. 稳步推进国际金融交易平台建设,不断提升金融市场对外开放

上海自贸试验区自建立以来,稳步推进了国际金融交易平台的建设,提升了金融市场的对外开放。具体表现在:

(1) 成功启动沪港通。2014 年 11 月 17 日,沪港通正式启动,实现了沪港股票市场交易互联互通,开创了风险可控的跨境证券投资新模式。沪港通,包括沪股通、港股通两部分。沪港通的开通,有利于加强上海与香港之间资本市场的联系,推动中国资本市场双向开放,提升了中国资本市场的国际影响力,促进了人民币国际化发展。之后,在沪港通试点成功的基础上,2016 年 12 月 5 日,深港通也正式启动,促进了内地与香港经济的发展,标志着中国资本市场在国际化上的重要发展。

(2) 推出黄金国际板。2014 年 9 月,上海黄金交易所开通了国际板业务(SGE International)。黄金国际板是在上海自贸试验区推出的首个国际化金融类资产交易平台。境外投资者通过开设自由贸易账户,使用离岸人民币或可兑换外币,参与上海黄金交易所的交易,这样可以实现对境外黄金市场的全球对接。黄金国际板在自贸试验区内和区外实行分区交割,由上海黄金交易所指定交割仓库办理交割业务,并且进行封闭式清算。汇丰、渣打、高盛、瑞银、澳新银行等成为首批 40 家国际会员。黄金国际板促进上海成为纽约和伦敦

之后的全球三大黄金定价中心之一,并且推进了人民币国际化。

(3)成立上海保险交易所。2016年6月12日,上海保险交易所(以下简称"上海保交所")正式揭牌成立,其位于上海自贸试验区内,由91家股东发起设立,为保险、再保险、保险资产管理及相关产品的交易提供设施和服务。2018年8月8日,国际再保险平台在上海保交所正式上线,通过上海自贸试验区的自由贸易账户,使境内外再保险参与机构的跨境资金结算服务更加便捷,降低了交易成本,进一步扩大了中国再保险业的对外开放,促进了境内境外保险市场的融合与发展。

(4)国际能源交易中心建设。2013年11月22日,上海国际能源交易中心正式成立,由上海期货交易所出资设立,注册资本为50亿元人民币,是上海自贸试验区内注册资本金额最大的企业。上海国际能源交易中心,具体承担国际性原油期货交易平台的建设。2014年12月,其获批开展原油期货交易。2018年3月,原油期货在上海期货交易所上海国际能源交易中心正式挂牌上市交易。这标志着中国以人民币计价的大宗商品,向全球市场迈出了重要的步伐。

(5)国际金融资产交易平台筹建。2015年10月印发的《进一步推进中国(上海)自由贸易试验区金融开放创新试点　加快上海国际金融中心建设方案》提出,支持中国外汇交易中心建设国际金融资产交易平台,支持上海证券交易所在自贸试验区设立国际金融资产交易平台,有序引入境外长期资金逐步参与境内股票、债券、基金等市场。以此推进国际金融市场平台建设,拓宽境外投资者参与境内金融市场的渠道,增强上海自贸试验区金融市场配置境内和境外资源的功能。

(6) 合资证券公司设立。2016 年 3 月 14 日,中国证监会核准批复在上海自贸试验区设立申港证券股份有限公司。这是全国首家自新设之日起即获得多牌照的合资证券公司,也是首家新设的内资股东不是证券公司的合资证券公司和首家内资股东均为民营企业的合资证券公司。2016 年 4 月 20 日,华菁证券(后更名为"华兴证券")有限公司获中国证监会核准设立。这两家合资券商的设立,是中国证监会落实《内地与香港关于建立更紧密经贸关系的安排》(CEPA)补充协议和"金改 40 条"中关于设立合资证券公司及支持民营资本进入金融业等要求的有效举措。

此外,上海清算所推出了自贸试验区铜溢价和乙二醇进口掉期中央对手清算业务,成为全球首个溢价指数类金融衍生品中央对手清算业务。

6. 创建利率市场秩序自律组织,率先在全国实现利率市场化

2013 年 12 月,中国人民银行发布《关于金融支持中国(上海)自由贸易试验区建设的意见》(即"央行金改 30 条"),第五部分"稳步推进利率市场化"的第十八条至第二十条提出,完善区内居民自由贸易账户、非居民自由贸易账户本外币资金利率的市场化定价监测机制,在区内实现大额可转让存单发行的先行先试,以及明确提出在条件成熟时,放开区内一般账户小额外币存款利率上限。银行可以自主决定自贸试验区分行的外币存款利率。

2014 年 2 月,中国人民银行上海总部发布了《关于在中国(上海)自由贸易试验区放开小额外币存款利率上限的通知》,决定自

2014年3月1日起放开自贸试验区小额外币存款利率上限,率先实现外币存款利率的市场化,稳步推进上海自贸试验区利率市场化改革。

2015年10月,中国人民银行决定从2015年10月24日起,下调金融机构人民币贷款和存款基准利率,其中,一年期贷款利率由现行的4.6％下调至4.35％,下调0.25个百分点;一年期存款利率由现行的1.75％下调至1.5％,下调0.25个百分点。[①]上海自贸试验区率先在全国实现利率市场化,对推动和深化全国的利率市场化起到了非常重要的作用。

总之,自上海自贸试验区建立以来,不断提高境外机构和外资机构的参与深度、国际化金融产品的丰富程度,强化交易结算功能、供应链管理功能和消费升级引领功能,发展更高能级的总部经济。

3.2　上海自贸试验区金融开放的薄弱与不足

上海自贸试验区自设立以来,其金融开放与创新取得了较多的成效。与此同时,应该看到,目前上海自贸试验区金融开放也存在一些薄弱与不足,主要体现为以下五个方面。

3.2.1　自由贸易账户功能需进一步拓展与完善

自由贸易账户自设立以来,取得了较大的进展。尤其是2020年9月,中国人民银行上海分行、上海市商务委发布了《关于明确自由

---

① 参见《中国人民银行关于下调金融机构人民币贷款和存款基准利率并进一步推进利率市场化改革的通知》第一条和第二条。

贸易账户支持上海发展离岸经贸业务有关事项的通知》,支持上海发展离岸经贸业务,将促进上海经济贸易在离岸市场发展的便利化和防风险的统一。继续推进自由贸易账户在临港新片区离岸贸易和离岸金融中的功能和作用,进而在全国范围内推广。

今后应进一步加强自由贸易账户功能的拓展和完善。自由贸易账户的初衷,是为了在上海自贸试验区稳步率先推进人民币资本账户的开放功能而设立的。由于国际经济发展的复杂性和不确定性,人民币资本账户在稳步推进中。同时,需要加强拓展和完善自由贸易账户的功能,使其发挥跨境结算中的风险分离作用。目前,自由贸易账户的资金划转,使用"一线宏观审慎,二线有限渗透"的规则,其中"一线"划转适用本外币结算,即自由贸易账户之间划转、自由贸易账户与境外账户之间划转;"二线"划转适用人民币结算,即自由贸易账户与境内非自由贸易普通账户之间划转,将其视为跨境人民币结算。应进一步完善自由贸易账户的功能体系,使其在长三角、"一带一路"沿线国家或地区建设中被广泛应用,发挥其推进人民币国际化的功能和作用。

3.2.2 部分金融开放的政策需进一步推进实施

部分上海自贸试验区金融开放的政策和措施,需进一步推进实施。有些实施细则,仍待进一步出台。从"金改51条",到"金改40条""金改25条""新片区50条",一些金融开放的方案已制定,但仍需推进实施。例如,合格境内个人投资者境外投资、资本市场双向开放等政策仍需推进实施。"金改40条"的许多内容关系到国家金融改革开放全局,需要在国家有关部门的指导下,制定相关实施细则后才能够推进实施,有关方面虽已在研究实施细则的内容,但仍需要出台并推进。"新片区 50 条"出台,还需要进一步完善具体的实施细则,进一步推进和落实临港新片区的金融开放和创新。已发布的这些金融改革和开放的政策措施,在进一步推进实施后,上海自贸试验区金融开放的政策影响效应才会完全凸显出来。

3.2.3　人民币资本项目可兑换和金融市场开放力度有待加强

受中美贸易摩擦的不确定性和全球疫情的暴发,以及多种因素的影响,一方面,近期人民币资本项目可兑换改革进程相对较为缓慢;另一方面,金融市场的开放力度有待加强。进一步提升股票、债券市场对外开放程度,提升上海国际金融中心证券、期货、债券等金融市场在全球的交易量和地位,加强营造良好的营商投资环境,吸引国际投资机构集聚上海,增强人民币的国际资产配置,进一步扩大金融市场的对外开放。

3.2.4　金融服务业扩大开放试点力度需进一步加强

近年来,上海自贸试验区金融服务业取得了较大的发展。截至 2016 年 5 月底,自贸试验区内共设有银行业机构 466 家,区内法人机构和分行级机构在全辖占比分别为 66.2% 和 64.6%,区内法人银行、外资银行分行和外资银行支行在全辖占比分别为 82%、73% 和 27%,区内六类非银行机构在全辖占比为 58.7%。截至 2018 年 4 月底,上海自贸试验区内跨境人民币结算额达到了 8 126.6 亿元,共有

812家企业进行了跨境双向人民币业务,95家企业取得了跨国公司总部外汇资金集中运营试点备案通知,其中52家企业已开展了试点业务。2018年6月,上海自贸试验区管委会发布了《中国(上海)自由贸易试验区关于扩大金融服务业对外开放进一步形成开发开放新优势的意见》(即"金改25条"),以加强上海国际金融中心与上海自贸试验区建设的联动,将上海自贸试验区打造成为扩大金融开放的新高地,保持上海自贸试验区金融业在全国对外开放的领先地位。

同时也应该看到,在扩大金融服务业开放方面,上海自贸试验区仍然力度不够,依然有较大的提升空间。目前境外机构和企业对自贸试验区进一步扩大金融服务业的对外开放有较强的期待。外资可以开办银行、保险、证券等各类金融机构,但也是有限制的,主要体现在:一是在股权比上的限制,外资创办银行一般不能独资,合资股权不能超过49%;外资创办证券公司,在合资公司中的股权不超过25%,开放的力度还远远不够;二是在准入国民待遇上,一些外资金融机构是不能准入的;三是在业务范围许可上,国内金融企业机构通常可以有50种业务品种或者活动方式,但外资金融机构可能只被许可了十几种。今后,应加大上海自贸试验区金融服务业对内对外开放的力度,这对推动上海汇聚国际资本、建设国际金融中心发挥着重要的联动效应。

3.2.5 金融监管与风险监测机制尚不能适应金融开放创新要求

随着自贸试验区金融开放创新的不断推进,涉及跨市场、跨行业的交叉型业务、综合性业务以及新型金融业务不断出现,跨境资金的流动规模不断增长和加快,现行金融监管体制和风险监测机制有待改革和完善。尤其是在自贸试验区的开放便利政策之下,不少未纳入法定金融监管范围的类金融机构聚集,且其经营较为活跃、潜在风险较大,对自贸试验区现有的监管体制和风险监测提出了较大挑战。

从美国、中国香港、新加坡等成熟金融市场的经验看,越开放的市场往往配套更严、更强、更有效的日常监督管理。自贸试验区监管制度创新要以"促进国际化、市场化、法治化的营商环境建设"为关键着力点,即以国际通行规则和良好做法为参照标杆,以提升市场主体参与意识和能力为着眼点,以监管法规的调整和完善来体现、推动和固化改革成果。但从目前的情况看,自贸试验区的监管制度创新与境内外市场主体的期望、国际通行规则和国际成熟金融市场的法治水平仍有不小的差距,需要进一步的思想解放和法制支持。今后,应充分考虑和发挥自贸试验区建设作为改革开放的"试验田"和压力测试手段的功能,在顶层设计中清晰界定自贸试验区的试验边界,要赋予自贸试验区相关部门适当的监管授权及足够的试验期,保障试验效果。

3.3　上海自贸试验区金融开放不明显的原因分析

目前,上海自贸试验区金融开放不太明显的主要原因为以下四个方面。

第一,自贸试验区金融开放政策的协同性不足。一方面,自贸试验区金融政策由中国人民银行、国家外汇管理局、金融行业监管部门等一同制定,有时相关配套政策出台步调相对不一致、操作细则不到位,这会影响自贸试验区金融创新的实际进程与效果。跨部门政策协同不足,部分自贸试验区政策在部门间衔接不上,导致政策落地受阻或滞缓。另一方面,自贸试验区政策和市场准入负面清单管理、境外融资新政等多项国家政策之间存在交叉,导致自贸试验区政策的差异化不太明显,政策导向不突出。

第二,金融开放创新政策与实体经济之间的联动作用不太明显。首先,自贸试验区内企业开设自由贸易账户有一定的门槛要求,企业对跨境投融资的需求较为不足,而区外真正有需求的企业要迁入区内还需较为复杂的流程。其次,目前区内进行跨境融资的企业大多是资信度较好的大型国企,中小企业尤其是民营企业虽有很强的融资需求,但从境外融资的渠道少、融资成本偏高。这在一定程度上导致了跨境借款等创新试点只有"点"上的突破、没有"面"上的推广。最后,自贸试验区内新兴金融业态,例如,互联网金融业发展未进入风险监管常规化,金融开放创新的同时,风险监管法律体制体系却尚未健全,从而使得区内金融开放创新与实体经济之间的联动作用不明显。

第三,金融开放政策与地方政府落地实施之间的联动需要加强。自贸试验区金融改革主要由中国人民银行、国家外汇管理局、银保监会、证监会等部门发布政策和制定细则,而具体方案的推行和落地实施,要靠地方政府的大力推动和落实。在金融开放政策实施方面、"一行三会"与地方政府合力推动细则落地实行方面仍联动不足,地方政府以被动承接为主、主动作为空间较小,影响了改革的整体效果。中国人民银行上海总部、上海市金融服务办公室、国家外汇管理局上海分局、上海银保监局、上海证监局与上海市政府、浦东新区政府须齐心合力,共同推动"金改 4.0 版"及"金改 50 条"具体细则的实施和落地,发挥地方政府的主动作为空间,以此体现上海自贸试验区金融开放的效果。

第四,政府职能转变与营商环境改善仍存在一定的"差距"。自贸试验区内政府服务有明显改善,但也存在一些问题:一是有些改革创新虽然取得了成效,但试点范围有限,整体效应发挥不出来,如证照联办;二是有些制度设计尚未落实到位,有些改革推进解决不了系统问题,如信用监管体系;三是尽管建立了一定的制度框架和平台,但有些成效仍不明显,如政府部门信息共享和运用机制,政府信息共享不够,影响了企业营商环境。这些反映了政府职能转变与营商环境改善仍存在一定的"差距"。

第4章 上海自贸试验区进一步扩大金融开放与创新

4.1 上海自贸试验区进一步扩大金融开放与创新的总体思路

上海自贸试验区金融进一步开放与创新的总体思路是,对标国际高阶经贸规则,全面建成上海国际金融中心,对接"一带一路"倡议的金融开放创新需求,与上海国际金融中心建设形成深度联动与协同。具体为以下三个方面。

4.1.1 对标国际高阶经贸规则

随着数字经济、数字贸易、区块链、人工智能等新兴业态和技术的迅速发展,全球价值链和贸易链发生着深刻的变化。全球经贸格局的不确定性、长期性和复杂性,以及贸易保护主义的蔓延和凸显,加速了新一轮经贸规则的调整与大国之间的利益博弈,也引发了全球产业链的分化与重构。

高标准自由贸易协定逐渐引领国际经贸规则的重构。以美国主导的跨太平洋伙伴关系协定(Trans-Pacific Partnership Agreement,以下简称"TPP")、跨大西洋贸易与投资伙伴协议(Transatlantic Trade and Investment Partnership,以下简称"TTIP")和服务贸易协定(Trade in Service Agreement,以下简称"TISA")为代表的三大贸易协定,将重构国际贸易投资规则,重新界定全球治理格局。一方面,TPP 和 TTIP 对全球贸易规则的重塑,将改变全球贸易格局和资本流动的格局。这意味着全球贸易价值供应链发生巨大变化,非成员国将面临关税壁垒和市场准入的问题,贸易争端解决机制也将发生新的变化。另一方面,服务贸易和投资协定,成为新贸易谈判和规则制定的核心内容。TISA 提出了更高标准的开放要求。从 TTIP、TPP、美墨加三国协议(USMCA)、日本与欧盟经济伙伴关系协定/自由贸易协定(EPA/FTA)以及全面与进步跨太平洋伙伴关系协定(CPTPP)的谈判内容看,谈判的议题在向边界后规则转移,这将给中国的贸易、产业与经济带来巨大的挑战。

为了能够适应全球新一轮国际经贸规则变革重构的趋势,积极应对世界经济格局的深刻变革,加快推动中国完善开放发展的环境,构建更高水平的开放型经济新体制,中国建立了上海自贸试验区。因此,上海自贸试验区进一步扩大金融开放与创新,应继续对标国际高阶的经贸规则。

4.1.2 对接"一带一路"倡议的金融开放创新需求

"一带一路"建设推动了沿线各国基础设施的互联互通,拓宽了各国产业投资和经贸合作领域,同时也蕴含着大量的金融业服务机会,这为中国金融业的全球化提供了重要的历史性机遇。金融支持是"一带一路"建设的关键环节。一方面,上海自贸试验区在对接"一带一路"建设中发挥着金融改革与开放先行先试的"试验田"作用和金融创新的前瞻性"引领"作用。另一方面,"一带一路"形成了中国地缘经济发展的新格局,其建设和发展离不开资金的互联互通。随着亚投行、丝路基金等的加快推进,中国资本大量输出,必然要展开多边金融合作。上海自贸试验区的金融开放政策吸引着更多的国际金融机构聚集,引领多边金融合作创新平台和多元化的融资模式,辐射和支持着"一带一路"建设的金融需求。因此,上海自贸试验区金融进一步开放,要对接"一带一路"倡议的金融开放创新需求,不断探索新路径、积累新经验,以此推动"一带一路"的建设和发展。

4.1.3 与上海国际金融中心建设形成深度联动与协同

"十三五"规划纲要和《上海市国民经济和社会发展第十三个五年规划纲要》提出,上海到 2020 年"基本建成与我国经济实力以及人民币国际地位相适应的国际金融中心的战略目标"。目前,这一目标已经基本实现。据 2020 年第 28 期"全球金融中心指数"(GFCI)报告显示,2020 年上海位居全球金融中心第三位,仅次于纽约、伦敦。今后,上海自贸试验区金融进一步开放与创新,与上海国际金融中心建设之间形成深度的联动与协同。

1. 上海自贸试验区是中国金融改革开放的"试验田"

上海自贸试验区是中国金融改革开放的"试验田"，具有先行先试的制度优势，其特殊的顶层设计和负面清单管理理念，能够更快、更高效地使国内金融改革开放的政策，率先在上海自贸试验区进行试点、实施和推行。

2. 上海自贸试验区是上海国际金融中心建设的重要核心功能区

上海自贸试验区陆家嘴金融片区，集聚着大量的国际性金融机构和跨国公司地区总部，是上海金融业汇集核心区。上海自贸试验区张江高科片区则承载着上海全球科创中心、"双自"联动建设的重任，是上海高科技创新企业汇聚区。上海自贸试验区临港新片区，发挥着离岸经贸和离岸金融的特殊功能，是推动中国新一轮金融开放创新的重要试验区。因此，作为上海国际金融中心建设的重要核心功能区，上海自贸试验区的金融开放与创新，对上海国际金融中心建设产生着联动机制效应，进而辐射到全国。

3. 上海自贸试验区金融开放的政策明确了其与上海国际金融中心建设的联动

上海自贸试验区"金改 3.0 版"，标志着上海自贸试验区金融改革和上海国际金融中心建设联动的开始。"金改 40 条"强调了上海自贸试验区与上海国际金融中心联动的进一步推进，并提出了围绕上海国际金融中心建设的战略任务，明确了上海与国内其他自贸试验区的竞争优势。与此同时，上海国际金融中心建设也促进了上海自贸试验区的金融开放与创新。

因此,上海自贸试验区金融进一步开放与创新,应与上海国际金融中心建设之间形成深度的联动与协同。

4.2 上海自贸试验区进一步扩大金融开放与创新的重点领域

在前文总体思路下,上海自贸试验区金融进一步开放与创新的重点领域主要为以下三个方面。

4.2.1 稳步推进人民币资本项目可兑换

"金改 40 条"任务措施明确提出,上海自贸试验区要率先实现人民币资本项目可兑换。就资本项目可兑换来看,根据国际货币基金组织的"7 大类、40 项",实际上中国的 37 项已经实现可兑换。在上海自贸试验区稳步推进人民币资本项目可兑换,逐步开放人民币资本项目的可兑换;包括拓展自由贸易账户功能、研究启动合格境内个人投资者境外投资试点,允许或扩大对符合条件的投资机构和个人在境内外证券期货市场投资,在自贸试验区开展限额内可兑换试点等。

今后,境外投资者参与境内金融市场的便利性将再次大幅提升。2019 年 9 月,取消合格境外投资者投资额度限制,是国家外汇管理局进一步推进中国金融市场对外开放的重大改革举措。截至 2019 年末,共有 21 个国家和地区获得人民币合格境外机构投资者投资额度 1.99 万亿元,223 家境外机构备案或申请投资额度 6 941 亿元。2019 年的人民币合格境外机构投资者资金流入总金额为

1 293 亿元,流出总金额为 1 553 亿元,净流出金额为 260 亿元。

近两年境外流入资金,大部分是资本账户项下的。境内金融市场股票和债券成为境外主体增配人民币金融资产的主要品种。截至 2020 年年末,境外主体持有境内人民币股票、债券、贷款以及存款等金融资产金额合计为 8.98 万亿元,同比增长 40.1%;境外主体持有境内人民币股票和债券规模同比增长 54.5%,其中持有债券托管量同比增长 47.4%,占银行间债券市场债券托管总量的 2.8%;持有股票市值同比增长 62.1%,占 A 股总流通市值的 4.3%。2020 年,境外主体新增持有的境内人民币资产中,股票占比为 54.9%;沪深港通业务人民币跨境收付金额合计 1.70 万亿元,同比增长 65.3%,净流出 4 132.87 亿元。截至 2021 年 6 月末,境外主体持有境内人民币股票、债券、贷款及存款等金融资产金融合计 10.26 万亿元,同比增长 42.8%。[1]这表明中国金融市场积极有序的开放制度和措施,吸引了大量境外投资者。此外 2019 年 6 月,富时罗素正式将 A 股纳入其全球股票指数体系;2019 年 9 月,标普道琼斯指数将 A 股纳入其新兴市场全球基准指数;2019 年 11 月,明晟公司将中国 A 股中盘股纳入 MSCI 指数。这些国际重要金融指数吸纳中国 A 股,充分反映了国际投资者对中国经济长期健康发展的信心,以及对中国金融市场开放程度的认可。全球疫情暴发后,中国能够迅速高效控制疫情,给国际资本提供了比较稳定的投资环境。

在风险可控的前提下,稳步推进人民币资本项目可兑换,实现人民币"双向开放",这是上海自贸试验区金融进一步开放的重点。

---

① 数据来源:中国人民银行《2021 年人民币国际化报告》。

4.2.2　大力推动人民币国际化

大力推动人民币国际化,将上海打造成为全球人民币资产配置的中心。2016 年 10 月,人民币正式纳入特别提款权(SDR)货币篮子,权重为 10.92%,这是国际货币基金组织对中国在放开和改善其金融市场基础设施方面取得成就的认可,反映了人民币在国际货币体系中的地位不断上升。

据环球银行金融电信协会发布的数据显示,2021 年 6 月,在主要国际支付货币中人民币排在第五位,人民币支付金额占所有货币支付金额的 2.5%,较上年同期上升 0.7 个百分点。2021 年一季度,在国际货币基金组织官方外汇储备货币构成(COFER)中人民币排在第五位,人民币在全球外汇储备中的占比为 2.5%,较 2016 年人民币刚加入特别提款权篮子时上升了 1.4 个百分点。截至 2020 年 6 月末,人民币在国际支付货币中的份额为 1.76%,仅次于美元、欧元、英镑、日元,为全球第五大支付货币。2020 年,人民币跨境收付金额合计 28.39 万亿元,同比增长 44.3%。其中,实收 14.10 万亿元,同比增长 40.8%;实付 14.29 万亿元,同比增长 48.0%,收付比为1∶1.01,净流出为 1 857.86 亿元,上年同期净流入为 3 605.28 亿元。人民币跨境收付占到同期本外币跨境收付总额的 46.2%,较 2019 年全年提高 8 个百分点。2021 年前 6 个月,人民币跨境收付金额为17.57 万亿元,占同期本外币跨境收付总额的 48.2%,较去年同期增长 2.4 个百分点。[①]

---

① 资料来源:中国人民银行,《2021 年人民币国际化报告》。

2020 年,全球新冠肺炎疫情暴发后,美元指数严重下跌,美元走弱,人民币更加应该国际化。当前中国国内社会稳定,货币政策稳健,外汇储备为 3.2 万亿美元,经济基本面发展稳定。中国汇率形成机制改革已经取得了长足的进步。较长时间内,中国没有采用逆周期调节因子和外汇风险准备金,对汇率常态化的干预已基本退出,近年来人民币汇率的形成,基本上是由市场供求决定的。全球疫情暴发后,美联储采取持续的量化宽松货币政策,一方面,使美元供给增加,降低美元的相对购买力,导致美元贬值;另一方面,美联储连续降息使美元利率下降,美元和其他货币的利差发生变化,资金会以美元转向其他货币,引发美元下跌。2020 年 3 月以来,美联储采取了一系列宽松的货币政策应对疫情对经济的冲击,包括降息、无限量购买国债、与各国央行互换及针对外国和国际货币当局的临时回购协议工具(FIMA)以及各种信贷市场投放等提供无限的美元流动性,并直接将流动性投放到企业及家庭。由此美联储的资产负债表急剧扩张,于 2020 年 6 月 10 日达到了 7.16 万亿元的峰值。然而,过度的量化宽松以及信用下沉,虽能在短时间内挽救经济以稳定金融市场,但不可避免地促使美元信用下降,美元走弱。美国债务增长速度超过了 2008 年金融危机时期,并且增长势头还在持续。美国的 2020 财年预算赤字达到了创纪录的 3.3 万亿美元,占 GDP 比例为 16%,创二战以来新高。美国劳动部公布 2020 年 7 月美国的失业率高达 10.2%,创下 20 世纪 30 年代美国经济大萧条以来的最糟糕记录。2020 年 6 月,美国国债总额已经突破了 26 万亿美元,相当于 2019 年美国 GDP 的 121%。据国际货币基金组织发布的

《财政监督报告》显示,美国 2020 年债务与 GDP 之比的增幅将是德国、法国、英国等欧美发达经济体中最大的。美联储无限量化宽松的货币政策,体现在 2020 年 8 月公布了新的货币政策框架《长期目标和货币政策策略声明》,这是该框架 2012 年推出以来首次修改,将之前"对称性"2% 的通胀率目标调整为在一段时间内"平均"2% 的通胀率目标,预示着宽松的货币政策将延续更长时间,即使通胀水平短期走高上行至 2% 以上,而不会立刻调整货币政策措施。由此可见,虽然美国一直维护美元在国际结算中的领导地位,但全球疫情暴发后,美元持续走弱,这在一定程度上表明美元并不是一个一直稳定的国际货币,而人民币、欧元则更应该国际化。

一种货币想要国际化,出现长期不稳定是不利的。过去几年,人民币相对来讲是升值的,这在一定程度上为人民币提供了较好的国际地位。人民币升值有利于国内企业"走出去",扩大对外投资,参与国际并购重组,主动从全球获取资金、技术、市场、战略资源,向产业链高增值环节迈进,提升中国在国际分工中的地位。截至 2019 年年末,人民币名义和实际有效汇率分别升值 32.3% 和 46.7%。2021 年 4 月至 5 月及 10 月至 12 月初,人民币汇率先后出现两次较为明显的升值。其中,4 月至 5 月,人民币对美元即期汇率从 6.57 升值至 6.36。在 12 月 9 日,人民币汇率升值至 6.349 8,创下三年多以来新高。2022 年以来人民币对美元的汇率有所贬值,但与国际主要货币相比,人民币的币值稳定性较强。

人民币区域影响力不断增强。2016 年,人民币纳入特别提款权货币篮子后,人民币更具国际货币的特征,人民币在亚洲地区的货币锚效应逐渐加强。随着人民币国际化稳步推进，人民币在东亚地区的影响力得到了很大的提升，这是中国对外贸易竞争力提升的体现，目前中国和东盟是最重要的贸易伙伴，2019年东盟对中国进出口贸易占比超过23％，比美国高10个百分点左右。此外，中国和"一带一路"沿线国家的合作与贸易联系更加密切，人民币跨境贸易结算得到了更广泛的使用。当前人民币具备形成货币区的基础条件，应加强中国与亚洲国家及"一带一路"沿线国家的贸易与货币金融合作，加快形成人民币货币区。因此，人民币在亚洲地区可以率先发挥锚货币的作用。人民币是目前全球表现最为稳定的货币之一，在特别提款权一篮子货币中的占比波动率也最小。

全球新冠肺炎疫情暴发后，人民币保持升值，人民币资产更加吸引国际投资并成为国际资产配置的重要部分。而促进人民币资产在全球各种资产证券类的发展和拓展人民币资产的境外投融资，就显得尤为重要。在加强人民币国际资产配置的同时，进一步促进人民币的国际支付与结算。全球疫情给世界经济金融发展带来了严重的不良影响，但上海国际金融中心的地位却在疫情中逆势而上，已经先后超过了新加坡、东京，愈发受到全球经济金融界的广泛认可，这显示出国际金融界对中国未来发展潜力的肯定和信心。上海国际金融中心目标之一是建设成为人民币资产配置的国际金融中心，上海自贸试验区应发挥人民币国际资产配置的重要枢纽中心功能，与香港形成在岸和离岸人民币市场的联动，促进人民币跨境支付和结算的进一步对外拓展。

因此，下一步上海自贸试验区的金融开放，要大力推动人民币国际化,加快推动上海成为全球人民币基准价格形成中心、人民币资产配置中心和人民币支付清算中心。

4.2.3 加大上海自贸试验区金融服务业对内对外开放

2015 年"金改 40 条"明确提出,上海自贸试验区要探索"金融服务业对外资实行准入前国民待遇加负面清单的管理模式"。2017 年 6 月国务院办公厅发布《自由贸易试验区外商投资准入特别管理措施(负面清单)(2017 年版)》,涉及银行、保险和资本市场等多个领域,为上海发布金融服务业对外开放负面清单指引提供了基础。2017 年 6 月 28 日,上海自贸试验区管委会和上海市金融办联合宣布,在国家有关部委的支持下,发布了《中国(上海)自由贸易试验区金融服务业对外开放负面清单指引(2017 版)》,此负面清单指引从外资投资设立金融机构管理(市场准入限制)和外资准入后业务管理措施(国民待遇限制)两个方面,涵盖股东机构类型要求、股东资产规模要求、股东经营业绩要求、股权结构限制等10 个类别,共设置 48 项特别管理措施,为外资了解和进入中国金融领域提供了便利,也为中国金融业进一步扩大开放进行了积极有益的探索。

2018 年 6 月,上海自贸试验区管委会《中国(上海)自由贸易试验区关于扩大金融服务业对外开放进一步形成开发开放新优势的意见》,即"金改 25 条"。此意见提出将上海自贸试验区打造成扩大金融开放的新高地,继续保持上海自贸试验区金融业对外开放度在全国的领先地位,进一步推动中国扩大金融业对外开放,实施吸引外资金融机构集聚的新政策,增强自贸试验区金融服务"一带一路"的功能,开创金融服务科创中心建设的新格局。

上海自贸试验区要率先形成金融开放新优势,打造金融服务业集聚的新高地,更好发挥金融中心核心功能,全面落实金融开放新举措。自贸试验区金融服务业对内对外开放的机遇,使得各类金融机构集聚上海。另外,自贸试验区金融服务业对经济的推动作用越来越显著。因此,下一步要重点加大上海自贸试验区金融服务业对内对外开放。

总之,上海自贸试验区金融开放的重点领域是,率先实现人民币资本项目可兑换,推动人民币国际化,将上海打造成为全球人民币中心地位,加大自贸试验区金融服务业对内对外开放。

4.3　上海自贸试验区进一步扩大金融开放与创新的具体实施路径

结合上海自贸试验区金融进一步开放与创新的总体思路和重点领域,今后上海自贸试验区金融进一步开放与创新的具体实施路径主要为以下几个方面。

4.3.1　进一步拓展自由贸易账户功能,完善其风险监测体系

自由贸易账户自推出以来,各项业务得到了较快发展,同时也存在瓶颈制约。应进一步拓展和完善自由贸易账户功能体系,使其更好地服务实体经济。

1. 继续推进自由贸易账户本外币一体化各项业务

鼓励和支持银行、证券、保险类金融机构利用自由贸易账户在风险可控的前提下开展跨境金融创新等业务,启动自由贸易账户本外币一体化各项业务。加强证券、期货交易所、结算机构围绕自由贸易账户体系,创新和完善自由贸易账户下的各项业务。

2. 增强自由贸易账户融资系统功能

自由贸易账户不仅应具有投资贸易方面的跨境融资功能,而且应具备资本开放市场方面的便利功能。一是通过培育发展试验区对内对外同步开放的国际金融资产交易市场,对接支持全国性金融市场的开放和满足境外主体配置中国资产的需求,以增强和完善自由贸易账户的金融资本系统功能。二是结合上海国际能源交易中心、上海黄金交易所、国际金融资产交易平台等要素市场平台建设,进一步拓展自由贸易账户的资本载体与通道功能,完善人民币计价结算功能。三是在"二线有限渗透"原则基础上,探索拓展自由贸易账户的融资及资金划转的便利性。

3. 发挥自由贸易账户离岸贸易的功能作用

自 2019 年 8 月增设自贸试验区临港新片区以来,上海充分发挥了临港新片区制度创新优势,积极支持新片区开展离岸贸易、数字贸易等新型国际贸易业态的发展。今后应进一步加强自由贸易账户在临港新片区开展离岸贸易中的作用和功能。

4. 完善自由贸易账户的风险预警指标体系和机制

全面优化提升自由贸易账户的系统功能,完善其风险预警指标体系和机制,提高其系统大数据集成处理能力,增强其在风险监测和事中事后管理中的作用,将自由贸易账户系统建立成网络化的、全覆盖的金融服务和风险管理重要基础设施。

4.3.2　加强推进人民币国际化进程,提升人民币全球影响力

目前上海自贸试验区出台的金融改革政策,涵盖了自贸试验区经常和直接投资项下的跨境人民币结算、个人银行结算账户、人民币境外借款、双向人民币资金池等热点业务的推出和常态化运作,将有效推动人民币国际化进程。这些开放性的金融改革,必然会突破人民币资产交易、计价结算的制度性障碍,不仅促进人民币国际化发展,而且也推动了上海国际金融中心的建设。随着上海自贸试验区金融开放政策的先后出台,许多贸易型企业、金融以及非金融机构,包括各类物流公司等进入自贸试验区,随着业务的增加,人民币交易和支付必将迅速发展。此外,离岸经贸、跨境贸易的人民币结算业务也相应地大量增多。因此,上海自贸试验区应大力推进人民币国际化,提升人民币全球影响力。

1. 上海自贸试验区大力促进人民币国际化

一种货币要成为国际化的货币,必须具备储备、支付、清算等基本功能。推进人民币国际化,最关键的就是增强人民币在全球的储备、支付和结算功能。与美元相比较,人民币要想成为国际支付结算的货币,目前仍有较大的差距。

人民币汇率弹性增强,并且在全球的稳定性比较强,这给人民币国际化提供了重要的战略机遇,应抓住此机遇加快推进人民币国际化。全球疫情暴发以来,人民币兑美元汇率升值,2020 年 5 月以

来已升值4.6%左右。人民币兑美元汇率的升值,一方面,受国内经济恢复运行平稳向好的影响。中国应对疫情高效防控,率先开启复工复产,使得国内经济在疫情后持续恢复和发展。另一方面,与美元走弱相关。美元指数下行,受到美联储宽松货币政策的影响。2020年3月初开始,美元出现流动性危机,美元指数迅速上涨。美联储实施量化宽松的货币政策,美元指数在3月下旬高位回落,之后转入震荡;从5月底以来,美元指数持续大幅走弱,这主要与美国国内矛盾激化,美国新冠疫情新增感染人数大幅上升以及美联储持续实施宽松的货币政策有关。2022年上半年以来,受美联储加息、地缘政治冲突等多重因素的影响,美元走强,主要非美元货币走弱,人民币兑美元的汇率出现了贬值,但是,与国际主要货币相比,人民币币值的稳定性较强。

2. 上海自贸试验区形成人民币离岸和在岸连通的重要"桥梁"

2013年12月,中国人民银行出台《关于金融支持中国(上海)自由贸易试验区建设的意见》,即"央行金改30条",其中,第十条规定"区内金融机构和企业可进入上海地区的证券和期货交易场所进行投资和交易"和"区内企业的境外母公司可按国家有关法规在境内资本市场发行人民币债券"。对在上海自贸试验区开展业务的离岸机构来说,其在相关政策下进行贸易、融资、投资较之前有更少的限制。2021年10月14日,中国(上海)自由贸易试验区"离岸通"平台在外高桥保税区上线。"离岸通"平台是全国首个直接整合境外数据用以支持贸易真实性审核的辅助信息平台,标志着上海自贸试验区在离岸贸易发展上迈出了坚实的一步。这一平台不仅能够支持上海浦东新区内企业离岸贸易的真实性判断,而且将扩展服务至长三角地区和全国。2021 年,上海自贸试验区保税区域内企业离岸转手买卖业务规模已占全市 90% 以上。此外,上海自贸试验区还推出了针对离岸业务的专项财政扶持政策,显著降低企业开展离岸业务的税收负担,有助于扩大区内离岸业务的规模。这对在上海自贸试验区开展业务的离岸机构来说,在相关政策下进行的贸易、融资、投资都将面临较之前更少的限制。

离岸人民币的发展能够极大地推进人民币国际化的进程,香港在这一进程上占据着极为关键重要的地位。当前形势下,应积极推动香港离岸人民币市场的发展,以带动全球离岸人民币资产的发展。截至 2020 年,主要离岸市场人民币贷款余额为 5 285.49 亿元,而主要离岸市场人民币存款余额则超过了 1.27 万亿元。其中,中国香港地区人民币贷款余额为 1 520.00 亿元,在各离岸市场中位居第一,其人民币存款余额为 7 209.00 亿元,也在各离岸市场中排名第一位,同比上升 14.2%,占中国香港全部存款余额的 5.9%,占其外币存款的 11.9%。香港的离岸人民币业务发展空间较大,在人民币保持升值的趋势下,离岸人民币资产吸引了大量的国际投资者。2020 年 5 月,中国人民银行、银保监会、证监会、外汇局发布《关于金融支持粤港澳大湾区建设的意见》,提出了推动发展港澳离岸人民币业务,强化香港全球离岸人民币业务枢纽地位,逐步扩大粤港澳大湾区内人民币跨境使用规模和范围,推动人民币在粤港澳大湾区跨境便利流通和兑换。大力促进香港离岸人民币市场的发展,形成离岸与在岸市场的良性互动和深度整合,这在很大程度上,可以缓解外资流入对香港股市造成的冲击和影响。如果香港的离岸人民币资产配置,不仅仅是股票市场,而是包含了债券或其他外汇衍生产品,也可以防止和避免香港股市的大幅波动。香港离岸人民币市场的发展,应进一步加大离岸人民币债券、外汇衍生产品等其他离岸人民币资产产品的创新和发展。

上海自贸试验区在离岸人民币市场和在岸人民币市场之间起着重要的"桥梁"作用,使人民币能够"走出去",也能够"流回来"。因此,推动上海自贸试验区形成人民币离岸与在岸之间连接的"桥梁",必将促进上海国际金融中心离岸金融的发展。

3. 上海自贸试验区不断提升人民币全球影响力

上海自贸试验区在加强推进人民币国际化的进程中,应不断提升人民币的全球影响力。

首先,坚持以人民币产品市场建设为核心,加快推动上海成为全球人民币基准价格形成中心、人民币资产配置中心和支付清算中心。一方面,不断拓展人民币产品的市场广度和深度,创新和丰富人民币产品,完善人民币跨境支付清算系统,加强人民币在全球的资产配置。另一方面,加强上海自贸试验区与中国香港、中国台湾、中国澳门、新加坡、伦敦、纽约、法兰克福等地人民币离岸市场的发展,推进人民币在国际上的交易、支付和清算等方面的服务。

其次,建立与全球机构投资者的战略合作关系,使上海自贸试验区成为全球人民币资产配置的核心区。截至 2021 年 12 月末,境外机构持有银行间市场债券 4.00 万亿元,约占银行间债券市场总托管量的 3.5%;共有 1 016 家境外机构主体入市,其中 507 家通过直接投资渠道入市,728家通过债券通渠道入市,219家同时通过两个渠道入市。应吸引更多的境外机构投资人民币资产,把人民币作为储备货币,实现人民币加入特别提款权(SDR)的经济效应。全球疫情暴发后,美元下跌,人民币保持升值的态势,人民币资产升值吸引了大量的国际投资机构和投资者,在此情况下,大力促进上海自贸试验区建立与全球机构投资者的战略合作关系,不仅有利于促进国际投资机构聚集上海,而且有利于促进人民币国际化。

最后,加强上海自贸试验区与"一带一路"沿线各国与地区的合作发展,推动上海成为全球人民币的投融资中心。上海自贸试验区在推动企业"走出去"的同时,也要促进金融服务业"走出去"参与"一带一路"建设,比如,推动上海股票、证券交易所等金融机构与"一带一路"沿线国家和新兴市场国家的合作。推动上海自贸试验区建设成为"一带一路"投融资中心,同时,也把上海打造成全球开发性资金聚散中心和融资中心,使上海成为全球人民币的融资中心,从而提升人民币的全球影响力。

4.3.3 稳步推动人民币资本项目可兑换,率先在上海自贸试验区推进人民币"双向开放"

在确保风险可控的前提下,稳步推进上海自贸试验区人民币资本项目可兑换。

1. 合格境外投资者制度改革取得突破性进展

自2002年实施合格境外机构投资者制度、2011年实施人民币合格境外机构投资者制度以来,来自全球31个国家和地区的超过

400家机构投资者通过此渠道投资中国金融市场。2018年6月,中国人民银行、国家外汇管理局发布《关于人民币合格境外机构投资者境内证券投资管理有关问题的通知》(以下简称《通知》),此《通知》指出,国家外汇管理局对单家人民币合格境外机构投资者投资额度实行备案或审批管理。人民币合格境外机构投资者在取得证监会资格许可后,可通过备案的形式,获取不超过其资产规模或其管理的证券资产规模(以下简称"资产规模")一定比例的投资额度(以下简称"基础额度");超过基础额度的投资额度申请,应当经国家外汇管理局批准。境外主权基金、央行及货币当局等机构的投资额度不受资产规模比例限制,可根据其投资境内证券市场的需要获取相应的投资额度,实行备案管理。《通知》明确了基础额度的标准并给出了计算公式,中国人民银行、国家外汇管理局可综合考虑国际收支、资本市场发展及开放等因素,对标准进行调整。

与2016年2月对合格境外机构投资者制度进行的改革相比,此次出台的人民币合格境外机构投资者新规具有重要的突破。一是要求人民币合格境外机构投资者应开立一个境外机构人民币基本存款账户,已开立基本存款账户的人民币合格境外机构投资者,应当开立人民币专用存款账户,并明确了专用存款账户的收入范围和支出范围。二是明确了人民币合格境外机构投资者专用账户与其境内其他账户之间资金划转的规定。新规指出未经批准,人民币合格境外机构投资者专用存款账户与其境内其他账户之间不得划转资金;自有资金、客户资金和开放式基金账户之间不得划转资金。未经批准,人民币合格境外机构投资者专用存款账户内的资金不得用于境内证券投资以外的其他目的。人民币合格境外机构投资者专用存款账户不得支取现金。三是对人民币合格境外机构投资者投资额度实行余额管理。人民币合格境外机构投资者累计净汇入资金不得超过经备案或批准的投资额度。人民币合格境外机构投资者投资额度自备案或批准之日起一年未能有效使用的,国家外汇管理局有权收回全部或部分未使用的投资额度。人民币合格境外机构投资者不得以任何形式转卖、转让投资额度给其他机构和个人使用。

在有效防范风险的前提下,国家外汇管理局积极推进金融市场对外开放,持续推动合格境外机构投资者制度外汇管理改革,于2018 年取消了相关汇兑限制。2019 年 9 月全面取消合格境外机构投资者投资额度限制,是在合格境外机构投资者外汇管理方面的重大改革举措。今后,具备相应资格的合格境外机构投资者,只需进行登记即可自主汇入资金开展符合规定的证券投资,境外机构投资者参与境内金融市场的便利性将再次大幅提升。2020 年,人民币合格境外机构投资者业务流入 1.29 万亿元,流出 1.24 万亿元,净流入526.31 亿元。

未来应不断采取有力措施扩大对外开放,支持境外机构投资者投资境内金融市场,提升跨境投融资便利化程度。同时,在开放中逐渐适应,切实防范跨境资本流动风险,维护国家经济金融安全。

2. 合格境内个人投资者制度改革

为推动资本账户开放,2007 年中国启动合格境内机构投资者境外投资试点,允许机构在境内募集资金,投资境外的资本市场。这为国内居民配置海外资产提供了一条合法途径,但只能通过购买机构的产品间接实现,而且可选择的范围非常有限。

在国务院明确批复将择机推出合格境内个人投资者制度后,上海是首批试点合格境内个人投资者制度的六个城市之一,另外五个城市分别是天津、重庆、武汉、深圳和温州。对符合条件的个人投资者取消5万美元的年度购汇额度限制,不再设上限。合格境内机构投资者不可以直接投资购买境外资本市场的股票、债券等,必须通过银行,证券公司等中间机构进行投资购买境外资本市场的产品,而合格境内个人投资者制度的个人可以直接地投资购买境外资本市场的股票、债券及其他金融衍生品,即个人可以直接购买国外金融产品,不需要经过中间的投资机构环节,这样加快了资本流动的速度,投资者主观活跃性相对变得更强。加强推进合格境内个人投资者制度的有利之处:

首先,全球新冠肺炎疫情暴发后,中国率先控制了疫情并恢复经济的发展,人民币保持升值的态势,人民币资产吸引了大量的国际性投资,境外流入的国际热钱涌入中国市场,这些热钱短期内可能会促进经济发展,但是不利于国内经济的长期发展,实行合格境内个人投资者制度可以使国际热钱逐步流出中国市场,维护国内金融体系的稳定。

其次,近年来中国大量的贸易顺差,国民手中存有较多外汇,这些外汇可以通过合格境内个人投资者制度的实施,将资本从境内转到境外以获取更高的收益,扩大投资者的投资选择和投资领域,投资者可以直接购买境外的股票、债券及其他金融衍生品,投资选择变得更加多样化,而不是仅仅局限于投资国内 A 股、基金和国债等。

最后,加强推进合格境内个人投资者制度有助于稳定物价和缓解人民币上涨的压力。一方面,合格境内个人投资者制度的试行让个人有更加多样化的投资选择,在一定程度上可以分散居民将资金全部投资国内消费市场,有利于物价的稳定;另一方面,在人民币保持升值的趋势下,可以缓解人民币一直升值带来的压力,有利于国内经济的发展。

截至 2020 年 3 月末,人民币存款余额为 200.99 万亿元,同比增长 9.3%,增速比上月末和上年同期高 1.2 个和 0.6 个百分点。3 月当月的人民币存款新增加 4.16 万亿元,同比多增了 2.44 万亿元。按照全国约 14 亿人口计算,人均储蓄存款大约为 6.3 万元。可见,中国居民的整体储蓄还是比较多的,储蓄率也比较高。根据中国人民银行 2020 年 4 月发布的《2020 年一季度金融统计数据报告》,数据显示 2020 年一季度,人民币存款增加了 8.07 万亿元,同比多增了 1.76 万亿元,其中,住户存款增加了 6.47 万亿元,非金融企业存款增加了 1.86 万亿元,但是财政性存款却减少 3 143 亿元,非银行业金融机构(如基金公司、信托公司、证券公司、保险公司等)存款减少了 3 713 亿元,这是人民币存款余额首次突破 200 万亿元大关。

上海开展合格境内个人投资者试点后,符合条件的个人可以开设自由贸易账户,直接购买在境外上市企业的股票。由于一些原因,中国的很多高科技企业在境外上市,没有合格境内个人投资者试点,使得国内居民失去了投资高成长企业的机会。上海自贸试验区可以推出合格境内个人投资者境外投资试点,作为推动资本项目可兑换改革的突破点,并且可以打通个人跨境投资的渠道。

合格境内个人投资者可通过两种方式实现:一是中资证券公司在自贸试验区设立机构,帮助区内个人与境外交易所之间进行交易;二是境外的证券公司进入自贸试验区开设机构,为自贸试验区内的个人投资者开户并开展业务。在试点初期,个人境外投资可以有一定的条件限制,比如,要求个人在自贸试验区内就业一年以上,有完整的纳税、社保记录等;另外,在额度上也可以有一定的限制,以防控风险。

3. 加强完善沪港通、沪伦通运行

(1) 沪港通。

沪港通包括沪股通和港股通两部分。根据上交所资料显示,从2014年港股通开通到2019年的6年间,累计的净买入金额为6 575亿元。沪港通是中国资本市场对外开放的重要内容,在加强上海和香港资本市场的联系,推动资本市场双向开放,促进人民币国际化,推进上海国际金融中心建设和巩固香港国际金融中心地位方面发挥了积极作用。沪港通解决了证券投资项下人民币流出和回流的问题。目前,沪港通的交易标的是股票,未来债券和交易型开放式指数基金等投资产品也可能纳入其中。2020年,沪深港通业务人民币跨境收付金额合计1.70万亿元,同比增长65.3%,净流出4 132.87亿元,2019年净流入为1 221.74亿元。其中,沪股通和深股通合计净流入1 780.52亿元,港股通净流出5 913.39亿元。

(2) 沪伦通。

沪伦通是指上海证券交易所与伦敦证券交易所互联互通的机

制,符合条件的两地上市公司,可以发行存托凭证(DR)并在对方市场上市交易。2018年10月,中国证监会正式发布《关于上海证券交易所与伦敦证券交易所互联互通存托凭证业务的监管规定(试行)》(以下简称《沪伦通监管规定》),自公布之日起施行。根据市场相关各方提出的意见建议,中国证监会对《沪伦通监管规定》征求意见稿作了相应的修改完善,涉及境内上市公司在境外发行全球存托凭证(GDR)后的限制兑回期、境外基础证券发行人在境内发行中国存托凭证(CDR)后实施配股等。《沪伦通监管规定》共30条,主要内容包括:明确沪伦通存托凭证发行审核制度。下一步,中国证监会将会同有关方面继续做好沪伦通相关准备工作,坚定不移推进中国资本市场对外开放。2019年6月17日,中国证监会和英国金融行为监管局发布沪伦通《联合公告》,原则批准上交所和伦交所开展沪伦通。同日,沪伦通启动仪式在伦敦举行,上交所上市公司华泰证券股份有限公司发行的沪伦通下首只全球存托凭证产品在伦交所挂牌交易。

沪伦通使人民币从境内流出到伦敦离岸市场,可以通过载体沪股、伦股,让伦敦市场上的人民币回流到上海。与沪港通相比较,沪伦通的体量更大。这在一定程度上,有利于上海和伦敦之间证券市场的发展,以及推进人民币国际化和上海国际金融中心的建设。

4. 在上海自贸试验区稳步率先推进人民币资本账户的"双向开放"

2020年全球疫情暴发后,中国率先防控疫情,社会环境稳定,很快恢复国内经济的发展,人民币保持升值,美元指数下跌,境外流入资金大于境内流出资金。2021年全球经济复苏,尽管美元指数全年上涨6.7%,但人民币依旧保持2.6%左右的升值幅度。2022年上半年受美联储货币政策、地缘政治冲突等影响,人民币汇率先涨后跌。但是,从长期来看,人民币汇率仍然保持相对稳定。随着国内经济企稳回升,人民币汇率在全球主要货币中的稳定性更加突出。稳步推进人民币资本账户"双向开放",是人民币国际化进程中的重要环节;而人民币国际化的稳健进程,也有助于人民币资本账户的开放。上海自贸试验区自由贸易账户体系及其功能的进一步拓展,通过"内外分离"的账户功能,在很大程度上能够减少人民币资本账户"双向开放"所带来的风险。

4.3.4 扩大上海自贸试验区金融市场开放,增强人民币的全球资产配置

1. 扩大上海自贸试验区金融市场开放,促进金融机构创新发展

首先,金融市场的开放,一方面要吸引更多的境外机构和投资者参与投资;另一方面要通过境外投资者的参与,使上海金融市场上的产品定价成为国际定价,牢牢抓住股市、汇市、黄金、大宗商品等的国际定价权。

其次,在金融开放方面,要探索金融服务业准入的负面清单管理,扩大金融市场开放,稳步推进人民币资本项目可兑换,在离岸贸易和离岸金融等方面取得突破。

最后,要扩大上海自贸试验区金融服务业对内对外开放。一是积极支持中外资银行业金融机构入区经营,积极探索机构、产品、风

险三位一体的监管架构,落实"自贸试验区银行业务创新与监管互动机制",鼓励和支持金融机构开展产品创新和服务创新。二是积极推动证券期货等金融经营机构的创新和发展。三是以建设上海国际保险中心为抓手,积极推进国际保险机构在上海自贸试验区的集聚和发展。

2. 深化外商投资负面清单管理,营造良好的金融发展环境

上海自贸试验区自挂牌以来不断探索外商投资负面清单管理,先后经历了六次负面清单修订,由最早2013年版的190条缩减到2020年版的36条。其金融减政放权和负面清单管理效果明显,促进了金融发展和金融机构集聚。具体体现为:

(1) 2013年版负面清单。2013年9月,上海自贸试验区挂牌当晚,就发布中国首份外商投资准入负面清单《中国(上海)自由贸易试验区外商投资准入特别管理措施(负面清单)(2013年)》,列明了190条外商投资特别管理措施。

(2) 2014年版负面清单。2014年7月,《中国(上海)自由贸易试验区外商投资准入特别管理措施(负面清单)(2014年修订)》发布,清单里的特别管理措施由原来的190条调整为139条,减少51条(即减少了26.8%)。其中,扩大开放而实质性取消14条,内外资均有限制取消14条,分类调整减少23条。除了取消14条特别管理措施之外,这版负面清单放宽了19条,开放的比例为17.4%。按照国际通行做法,2014年版负面清单将涉及资源、民生和国家安全的领域和中国传统产业领域的管理措施予以保留。2014年版负面清单的透明度进一步增强,把2013年版负面清单无具体限制条件的

55 条管理措施缩减为 25 条,并明确了部分管理措施的条件。

(3) 2015 年版负面清单。2015 年 4 月,更新一版的外商投资负面清单发布,统一适用于上海、天津、广东、福建四个自贸试验区。2015 年版负面清单共有 122 条特别管理措施,相比 2014 年版负面清单减少 17 条,限制范围进一步缩小,开放度和透明度进一步提升。

(4) 2017 年版负面清单。2017 年 6 月,《自由贸易试验区外商投资准入特别管理措施(负面清单)(2017 年版)》公布,这版负面清单与上一版相比,减少了 10 个条目、27 条措施,内容缩减至百项以内。2017 年版负面清单覆盖了 11 个自贸试验区,负面清单减少的条目包括轨道交通设备制造、医药制造、道路运输、保险业务、会计审计、其他商务服务等 6 条,同时整合减少了 4 条。2017 年版负面清单减少的特别管理措施,主要集中在制造业和服务业领域。

(5) 2018 年版负面清单。2018 年 6 月,《自由贸易试验区外商投资准入特别管理措施(负面清单)(2018 年版)》发布。这版负面清单由 2017 年版的 95 条措施减至 45 条,在更多领域试点取消或放宽了外资准入限制。其中,在金融领域,2018 年版负面清单显示,在资本市场服务方面,证券公司的外资股占比不得超过 51%,证券投资基金管理公司的外资股占比不得超过 51%;期货公司的外资股比不得超过 51%;在保险业务方面,寿险公司的外资股占比不得超过 51%。

(6) 2019 年版负面清单。2019 年 6 月,《自由贸易试验区外商投资准入特别管理措施(负面清单)(2019 年版)》发布,这版负面清单特别管理措施由 2018 年版的 45 条缩减为 37 条,取消了出版物印刷等领域对外资的限制,继续进行自贸试验区的扩大开放,并先行先试。

（7）2020年版负面清单。2020年6月,《自由贸易试验区外商投资准入特别管理措施(负面清单)(2020年版)》发布。全国外商投资准入负面清单由40条减至33条,自贸试验区外商投资准入负面清单由37条减至30条。其中,在金融领域,取消了证券公司、证券投资基金管理公司、期货公司、寿险公司外资股比的限制。

总之,其内容自2013年上海自贸试验区实施的第一版负面清单的190条特别措施,减少到2014年版的139条,再减少到2015年版的122条,再减少到2017年版的95条,再缩减为2018年版的45条,再缩减为2019年版的37条,最后缩减为2020年版的30条。这几年间,上海自贸试验区面积从28.78平方千米扩展到了120.72平方千米,又添临港新片区,外商投资负面清单从190条缩减到30条,超过98%的外商投资企业通过备案方式设立,探索形成了127多项改革创新成果,上海自贸试验区内累计新设企业6万多家,新设外资企业1.1万家,占比从上海自贸试验区挂牌初期的5%,上升到2019年的20%左右。上海自贸试验区以浦东新区十分之一的面积,创造出浦东新区四分之三的生产总值。

上海自贸试验区负面清单的持续缩减,与中国经济的发展、对外开放力度的加大密切相关。今后,上海自贸试验区将继续深化负面清单管理,以创造良好的对内对外金融发展环境。

3. 进一步推进上海自贸试验区债券市场的对外开放

进一步推进上海自贸试验区债券市场的对外开放,具体分为以下三个方面。

第一,发展多层次的债券市场。一是建立场外、场内分工明确的债券市场,以银行间市场发展为主、交易所市场发展为辅,构建相互补充、层次丰富、互联互通的有序市场。二是优化监管协调机制,进一步发挥监管合力,提高市场效率,完善市场准入、信息披露、债券管理等制度安排。三是强化基础设施建设,整合债券发行、托管、交易、清算、结算流程,建立统一的数据平台与标准,加强债券市场的基础设施建设。

第二,加强债券市场对外开放,推动债券市场相关规则与国际接轨。提高国内债券市场对境外机构的开放水平。在防范金融市场风险跨境转移的前提下,放宽境外机构在境内债券市场发行、投资、交易的便利性。2019 年,共计 796 家境外机构进入银行间债券市场,通过"债券通"入市 491 家。全年流入 3.97 万亿元,流出 3.52万亿元,净流入 4 501 亿元。其中,"债券通"渠道净流入 1 378 亿元。

第三,大力鼓励国外投资者在上海自贸试验区发行熊猫债。熊猫债具有低风险的性能,一方面,可以为境外发行人拓宽融资和优化债务,提供了新的渠道;另一方面,可为境内投资人资产配置提供多元化的投资选择,也可为境内跨国企业进行融资并降低汇率风险节约汇兑成本。2019 年以来,熊猫债纯境外主体市场参与度提高,很多的境外主体选择将发行熊猫债作为重要融资渠道。2019 年,有12 家纯境外主体共发行了 23 支熊猫债,占新发债主体数量的 54%,其中,境外发行主体中外国政府类机构、国际开发机构、境外金融机构和非金融企业的比例分别为 7.5%、5%、10% 和 77.5%。[①]因此,

---

[①]　资料来源:中国人民银行《2020 年人民币国际化报告》。

推进上海自贸试验区熊猫债市场的发展,有利于提高国际债券中人民币债券的规模和占比,进一步提升中国债券市场的广度和深度,促进中国金融市场与国际债券市场的融合。

总之,利用"一带一路"建设进一步促进人民币债券市场开放,提高境外机构在境内债券市场发行和交易的便利性,推动债券市场相关规则与国际接轨、完善现代化的债券市场监管体系等,进一步推动中国债券市场的对外开放和国际化。

4. 增强人民币的全球资产配置

首先,加强面向国际国内的人民币资产池建设。目前,面向国际国内的人民币资产池已基本取得各方共识,应加强推进自贸试验区人民币资产池的建设,进而增强全球人民币资产配置。截至2019 年年末,中国跨境人民币资金池为 2 341 个,其中,跨境人民币资金池流出 9 315 亿元,流入 8 890 亿元,总额为 1.82 万亿元,同比增长 8.3%。①

其次,推进人民币产品的创新性和多样化发展。加强人民币产品的创新,同时,推出人民币产品的多样化,以吸引更多的国际投资机构或投资者进行资产配置。比如,通过与"一带一路"沿线国家的合作,推进人民币产品"走出去",成为沿线各国或地区资产投资的重要产品。

最后,增强全球人民币资产配置。上海自贸试验区汇聚了大量的国际性投资机构和全球知名的资产管理公司分支机构,通过与这些国际投资机构之间的合作发展,增强人民币在国际上的资产配

---

① 资料来源:中国人民银行《2020 年人民币国际化报告》。

置,同时提升人民币在全球的资产投资地位。

4.3.5 加快人民币离岸业务发展,推进离岸与在岸之间联动

推动人民币在岸和离岸之间的发展,这对上海国际金融中心建设起着重要的作用。上海自贸试验区应加强推进人民币离岸市场发展,以实现与在岸人民币的联动发展。

1. 推进上海自贸试验区人民币离岸业务的发展

从一国货币国际化发展的路径来看,人民币要成为主要国际货币之一,就必须在主要国际金融中心建立人民币离岸中心。纽约、伦敦、香港、东京等国际金融中心,建有离岸金融市场。中国周边国家,如韩国、马来西亚、泰国等,也早已建立离岸金融市场。上海建设国际金融中心,必须推进上海离岸金融市场的发展。在上海自贸试验区发展离岸金融业务,无疑可以助推上海国际金融中心的建立。《离岸银行业务管理办法》的颁布及其细则规定,中国的离岸银行业务采取"两头在外、内外分离"的经营管理模式,离岸业务对象严格限定为"非居民"。这种严格分离的模式可以有效防止在岸资金的流出,使在岸业务不受离岸业务的影响,并不妨碍银行将离岸资金运用于境内,也不会限制在岸资金运用于境外投资。上海自贸试验区离岸业务和传统业务分别设立账户,离岸金融机构筹资只能吸收外国居民、外国银行和公司的存款。自贸试验区建设的"金改51条"中有两条措施对离岸金融试验区建设是重大机遇,一条是允许符合条件的外资机构在自贸试验区设立合资证券投资咨询公司,另一条是支持证券期货经营机构借助自贸试验区平台,率先开展跨

境经纪和跨境资产管理业务,鼓励开展面向合格投资者的大宗商品和金融衍生品柜台交易;允许证券期货经营机构借助自由贸易账户参与境外证券期货和衍生品交易。为此,应加快上海自贸试验区金融离岸市场和业务的发展。

2. 建立上海自贸试验区人民币离岸业务在岸结算中心

为了推动上海自贸试验区人民币离岸中心的建立与发展,建议加快建立上海自贸试验区人民币离岸业务在岸结算中心。一是有利于逐步形成离岸人民币价格体系。上海自贸试验区开展离岸人民币与多币种的交易结算,开发人民币与周边货币的衍生品(远期、掉期、期货、期权等)交易和交易指数,以确立离岸人民币的基准价格体系,逐步形成离岸人民币价格体系。二是采取内外分离型模式设计以防范风险。上海自贸试验区人民币离岸业务在岸结算,按照内外分离型模式进行设计,通过实行对区内银行离岸头寸和在岸头寸的相互抵补量进行限制和动态调整,以隔离内外风险,防范离岸人民币交易可能对国内金融市场造成冲击。三是有利于人民币离岸与在岸之间联动。上海自贸试验区人民币离岸业务在岸结算中心,将成为全球人民币离岸与在岸之间的重要连接通道,也将大力推动上海国际金融中心的建设和发展。

3. 加快临港新片区离岸金融业务试点

2020 年 2 月,中国人民银行、中国银保监会、中国证监会、国家外汇管理局和上海市人民政府发布《关于进一步加快上海国际金融中心建设和金融支持长三角一体化发展的意见》。此意见从推进临港新片区金融先行先试、在更高水平加快上海金融业对外开放和金融支持长三角一体化发展等方面提出 30 条具体措施,深化金融供给侧的结构性改革,推动金融更高水平的开放创新。其中,第六条提出,在临港新片区内探索取消外商直接投资人民币资本金专用账户,探索开展本外币合一跨境资金池试点,以加大金融支持上海自贸试验区临港新片区建设的力度。

2020 年 5 月,上海自贸区临港新片区管委会、中国人民银行上海总部、上海银保监局、上海证监局和上海市金融局共同发布了《全面推进中国(上海)自由贸易试验区临港新片区金融开放与创新发展的若干措施》,提出了拓展自由贸易账户功能,推进临港新片区内资本自由流入流出和自由兑换,以推进临港新片区成为在岸业务和离岸业务的重要枢纽。

2021 年 1 月,中国人民银行上海分行发布了《关于在上海自贸区临港新片区试点取消外商直接投资人民币资本金专用存款账户的通知》,允许注册在临港新片区的外商投资企业在以人民币出资时,可不再开立人民币资本金专户,结算银行可直接为企业办理人民币资本金入账结算业务。这对临港新片区进一步发展离岸金融业务,具有重要的影响和意义。

依托临港新片区,推进离岸金融业务的发展,扩大金融服务开放,提供满足企业跨境投资专业性的服务需求,鼓励各类专业服务机构集聚上海。

4. 加强洋山港保税区离岸金融业务的发展

洋山港保税区是大宗商品国际贸易的聚集地。2015 年 7 月 31 日,上海自贸试验区大宗商品现货市场启动仪式在洋山港保税区举行,这标志着上海自贸试验区面向国际的大宗商品现货市场迈出探索国际资源配置的重要一步。上海自贸试验区依托保税区域连接境内境外、统筹在岸离岸的跨境资源配置特色,应加快推进洋山港保税区离岸金融业务。洋山港保税区大宗商品现货市场具有明显的国际化特征,其交易对象为保税实物,采用"净价"交易的方式,报价不含进口关税和增值税,是以人民币计价结算的,交易参与方目前既包括国内交易商,也包括国际交易商。洋山港保税区利用国际和国内交易者共同参与的大宗商品交易平台,大力推进区内离岸金融产品创新和离岸业务的发展。这有利于大力吸引国际金融机构落户,集聚国际资本,同时又有助于加快上海国际金融中心的建设。

4.3.6 围绕金融中心和科技创新中心建设,探索金融支持科技创新机制

上海建设全球科技创新中心的基本框架战略目标,取得了一系列实质性突破,科技创新中心的全球影响力持续增强。《2020 全球科技创新中心评估报告》显示,上海年度排名位居全球科技创新中心百强城市第 12 位,比 2019 年上升了 4 位。2020 年 5 月实施的《上海市推进科技创新中心建设条例》中,第 6 章金融环境建设指出,推进科技创新中心与国际金融中心联动建设,推进科技金融创新,发挥金融对科技创新的促进作用。上海自贸试验区是金融支持科技的重要"实验田",应加强金融与科技创新建设的联动,探索金融支持科技创新的机制。

1. 探索科技金融创新机制以满足中小型科技企业融资需求

上海自贸试验区在投贷联动、银行设立科技支行、科技创新板等方面,进行了一系列试点,建设"创投型"信贷模式和"区域版"投贷联动模式。2016年4月,国家发布科创企业投贷联动试点政策。投贷联动模式,主要是银行对科技创新企业采取股权与债权融合的方式,以股权收益弥补信贷资金风险的损失。在全国第一批"投贷联动"试点中,有3家上海法人银行入围,试点名单内的国家开发银行、中国银行、恒丰银行、北京银行和天津银行业根据其分支机构设立的情况在张江国家自主创新示范区内开展试点。

2. 继续推动科创板对科技创新企业的支持

2018年11月,国家主席习近平在首届中国进口博览会开幕式上宣布,将在上海证券交易所设立科创板并试点注册制,支持上海国际金融中心和全球科创中心的建设,这是完善资本市场基础制度、激发市场活力和保护投资者合法权益的重要安排。2019年6月13日,科创板在上海证券交易所正式开板;7月22日,首批科创板公司上市;8月8日,第二批科创板公司挂牌上市。2019年8月,中国证监会发布《科创板上市公司重大资产重组特别规定》,建立了高效的并购重组制度,以规范科创板上市公司的并购重组行为。科创板是独立于现有主板市场的新设板块,并进行注册制试点,这是科创板不同于目前主板、中小板、创业板、新三板的鲜明特点与创新。

在上海证券交易所设立科创板,是资本市场重大改革举措,增强了对科技创新企业的包容性和适应性,强化了资本市场服务科技创新的短板,提升了金融市场服务科技创新企业的能力。继续推动科创板对科技创新企业的支持,一方面,对深化上海国际金融中心和上海全球科创中心的联动具有重要而深远的意义;另一方面,对加强科创板企业"走出去"参与"一带一路"建设合作等具有重要的作用。

3. 推动上海自贸试验区高科技型企业知识产权资产证券化发展

对科技型中小企业来说,传统的信贷融资渠道无法满足其持续性和不断扩大的资金需求。科技型中小企业一般具有知识产权上的优势,如果通过创新的融资方式,将此优势与资本市场连接起来,则可为科技型中小企业提供可持续性的融资支持。知识产权证券化是一种新型的资产证券化方式,在知识产权领域进行金融创新,将知识产权与金融资本相结合,并促进科技成果转化,这也是一项针对科技型企业融资的开创性、创新性实践。这对利用多层次资本市场开展直接融资、拓宽企业融资渠道具有重要的意义。

2015 年 11 月,上海市政府发布《关于加快推进中国(上海)自由贸易试验区和上海张江国家自主创新示范区联动发展的实施方案》,即"双自"联动方案,为上海全球科技创新中心建设注入了大量支持要素。2015 年 12 月,《国务院关于新形势下加快知识产权强国建设的若干意见》出台,其中,第十六条提出了知识产权证券化。在上海全球科技创新中心建设下,张江科技园自贸片区可以作为中国高科技型企业知识产权资产证券化的"试验田",建议以张江科技园自贸片区高科技型企业知识产权为试点,浦东新区政府按照事先公开的收益约定规则,在政府与社会资本合作(PPP)模式下进行高科技型企业知识产权资产证券化,以地方融资平台公司作为特殊目的机构(SPV),发挥其破产和风险隔离作用。这种采用政府与社会资本合作模式的知识产权资产证券化,不仅收入来源现金流相对稳定持续可靠,而且能够使资产证券化过程中的风险得到有效防范。通过此知识产权资产证券化的方式,来推进自贸试验区高科技型企业融资机制的创新发展。

4. 健全多层次的资本市场来更好的支持科技型企业发展

推动和健全上海自贸试验区多层次的资本市场,搭建多元化的科技金融服务平台,积极打通社会资金流向实体经济的渠道,更好地支持科技型企业发展。一是继续扩大直接融资的规模和比例。降低创新创业企业的上市或挂牌门槛,加大对创新创业企业上市或挂牌的奖励力度,支持中小型科技企业股权融资,推动上海股权交易中心企业新三板、战略新兴板等发展。二是利用上海自贸试验区的国际金融市场平台,吸引境外投资机构或投资者为科技型企业提供融资服务,如企业跨境股权并购等。三是适应供给侧结构性改革的新要求,加大金融对科技型企业支持力度。通过供给侧结构性改革,调整产业链的布局与升级换代,发挥技术对产业链供给的重要作用,以此加强金融对科技型企业的支持。

4.3.7 健全金融综合监管监测,加强风险管理制度创新

1. 建立金融综合监管监测分析中心

通过自由贸易账户体系,在上海建立跨部门、跨行业、跨市场的

全口径金融信息监测分析系统中心。该监测分析中心不仅涵盖了"一行三局"的监管信息和传统的银证保等各类金融机构、市场的信息,而且涵盖了目前没有监测信息的金融领域,以及重点覆盖了上海市各金融行业、各市场的日常金融业务活动。该中心不仅对上海,而且对全国都有着重要意义。对上海来说,形成相对独立于各金融监管部门的监测中心,有利于探索综合监管,防范各类风险,支持国际金融中心建设。对全国来说,可以发挥贴近市场一线的优势,作为中央信息监测的重要来源,可以为中央做出重大决策提供来自上海市场一线的信息。

2. 继续深化金融综合监管

根据金融业发展的新趋势,在现有的金融监管框架基础上,继续深化金融综合监管与功能监管。2016 年 7 月,上海市政府办公厅印发了《发挥上海自贸试验区制度创新优势开展综合监管试点探索功能监管实施细则》,提出将所有的金融服务业均纳入监管,在实践中探索形成以市场全覆盖为目标、以信息互联共享为基础、以监管合作为保障、以综合监管联席会为平台、以业界自律共治为补充的综合监管模式,实现金融监管的全覆盖,同时对涉及的金融服务、监管信息实现共享。开展金融综合监管试点,不仅有利于发挥上海自贸试验区制度创新的优势,为中国金融监管探索新路径、积累新经验,而且有助于促进金融监管与金融创新之间互动,推进上海自贸试验区金融进一步开放与创新。

3. 推进上海自贸试验区"监管沙盒"的发展

近年来,随着金融科技的迅速发展,上海自贸试验区"监管沙盒"也取得了一定的进展。2020 年 7 月,中国人民银行上海总部发布了《上海金融科技创新监管试点应用公示(2020 年第一批)》,对 8 个拟纳入金融科技创新监管试点的应用向社会公开征求意见,这也是上海首批金融科技"监管沙盒"名单公示。此次公示的上海 8 个创新应用,多个项目为持牌金融机构与科技公司等联合申请,体现了金融科技多元融合和多向赋能的特点。上海自贸试验区有序推动金融科技创新监管试点,旨在实施一批金融科技创新项目,探索更具穿透性、专业性的新型创新监管工具,形成兼顾金融科技创新与安全的双赢局面。2020 年 12 月,在深入开展金融科技创新的基础上,上海金融科技创新监管试点工作组对外公示上海市第二批 5 个创新应用为安全计算、音视频、图像识别等新兴前沿技术,以提高金融风险技防能力。这是落实 2020 年 1 月上海市政府办公厅印发的《加快推进上海金融科技中心建设实施方案》,和 2020 年 4 月中国人民银行出台的《金融科技(FinTech)发展规划(2019—2021 年)》的重要实施举措。上海自贸试验区开展金融科技创新监管试点,对探索构建符合中国国情、与国际接轨的金融科技创新监管工具,营造安全开放的金融科技创新发展环境具有重要的作用。

4. 加强上海自贸试验区风险监管制度创新

上海自贸试验区的监管制度创新,其本质是调节政府与市场的关系,这是对现有监管理念、模式和方式方法的革命性探索,而不是简单、表面的制度修补与完善。对此应采取以下五个方面的措施。一是监管制度创新需要来自顶层设计的前瞻指导和充分支持,按照依法治国的原则,对现有的境内政策法规予以必要的、合适的局部调整和优化,做到依法试验。二是针对自贸试验区跨境、跨业、跨市场等特色新型业务,增加监管覆盖,提升监管能力,建立并健全全覆盖、全流程、全风险的监测监管机制,加强政府监管信息共享和应急处理,提高前瞻预判和防范化解重大风险的能力,为金融创新营造严宽并济、有序高效的制度空间。三是自贸试验区监管制度创新的实效离不开区内诚信和法治环境、应急机制和征信平台等配套建设和完善,加强这些影响境内、外资投资者参与自贸试验区的重要因素建设。四是明确中央监管部门和地方监管机构的监管边界,率先探索建立起一套有效的地方性金融综合监管体制。五是充分考虑和发挥自贸试验区建设作为改革开放的"试验田"和压力测试手段的功能,在顶层设计中清晰界定自贸试验区的试验边界,赋予自贸试验区相关部门适当的监管授权、试错容忍以及足够的试验期,保障试验效果。

4.3.8　推进政府职能转变,发挥浦东积极作用

加快政府职能转变,是上海自贸试验区建设的重要任务和制度保障。上海自贸试验区政府职能转变以商事登记制度改革、事中事后监管体系建设等为突破口,充分体现了减权放政、放管结合的改革理念。调研中,企业普遍反映自贸试验区内政府服务有明显改善,但也反映一些试点范围有限,整体效应发挥不出来等问题。上海自贸试验区的金融创新,其实质是从以事前审批、垂直监管为特征的刚性监管模式向更具弹性的事后监管和分级监管模式逐步转变,在这一过程中,地方政府是有潜在作为空间的。在面临着广东、

天津、福建等国内其他省市自贸试验区的竞争,上海浦东新区应该发挥更加积极的作用。

首先,浦东新区应在金融业界市场和监管部门之间发挥更加积极的沟通作用。上海自贸试验区金融开放政策,要通过浦东新区落实和实施。一是浦东新区争取金融监管部门支持,要做到两个"根植于":"根植于"金融核心功能区建设;"根植于"浦东新区的经济转型。二是浦东新区在金融市场和监管部门发挥积极沟通作用,这有利于浦东新区经济发展和自贸试验区金融开放效应的凸显。三是浦东新区应主动成为金融改革开放的先行者,可以整合自身资源,鼓励有条件的企业成为金融创新的主体,发挥金融开放的示范效应。

其次,浦东新区要以更加符合金融业发展的方式来推进自贸试验区金融开放创新。上海自贸试验区扩区之后,体制机制发生了变化。一方面,浦东新区要理顺区级机关与各扩展区域管委会之间的关系。从金融开放创新推进的角度,金融工作局要更多地发挥前瞻性研究、沟通协调的作用,各管委会要加强招商引资、机构服务,也可以考虑借鉴伦敦金融城的模式,开展业界自治、试点法定机构。另一方面,要加强相关政府部门的专业人才队伍建设,加强对金融人才的重任。过去几年,浦东新区为推进上海国际金融中心建设,成立了金融服务局,创新引进了一批专业人才。今后,应该将这一经验继续深化,通过市场化方式引进更多的高端性专业人才。

最后,浦东新区应提升金融开放创新与地方经济发展之间的联动效应。浦东新区是上海国际金融中心建设的核心功能区,始终站在国内金融改革的前沿。但是，由于体制等方面的种种原因，浦东新区在发挥金融创新与地方经济联动效应方面并没有显著的效果。这造成了浦东新区虽然是资金、人才和金融机构最密集的地方，但浦东新区的科技创新能力和新兴产业的哺育能力与北京、深圳等地方相比仍有较大差距。因此，今后浦东新区应进一步加强和提升金融开放创新与地方经济发展之间的联动效应，以促进上海自贸试验区金融开放更好地服务实体经济发展，推进上海全球科技创新中心和国际金融中心的建设。

　　总之，应继续推进上海自贸试验区金融发展的进一步开放与创新，稳步推进人民币资本项目双向开放，健全金融市场体系，扩大金融服务业开放，大力推动人民币国际化，以更好地推动上海自贸试验区与上海金融中心建设的深度联动，更好地支持与服务"一带一路"建设。

第 5 章 上海自贸试验区在服务国家 "一带一路"建设中的功能定位

5.1 "一带一路"建设的融资需求

5.1.1 "一带一路"投融资合作原则

2013 年 9 月 7 日,习近平主席发表题为"弘扬人民友谊 共创美好未来"的演讲,倡议共同建设"丝绸之路经济带"(即谓"一带")。2013 年 10 月 3 日,习近平主席发表题为《携手建设中国—东盟命运共同体》的重要演讲,提倡共同建设 21 世纪海上丝绸之路(即谓"一路")。从此,"一带一路"的概念被人们所熟悉。

"一带一路"恪守"共商、共享、共建"的原则,以"五通"即设施联通、政策沟通、贸易畅通、资金融通、民心相通为主要内容。其中,基础设施的互联互通和贸易畅通,离不开资金的支持,都需要资金融通的服务。"一带一路"建设基础设施的建设周期长、资金需求缺口大,要求具有长期可持续性的投融资支持,而沿线大多数国家经济不发达,面临基础设施资金匮乏的问题,这就需要多国共同努力,调动各个资源,以支持"一带一路"建设所需可持续性投融资的需要。因此,"一带一路"投融资合作原则,是在"一带一路"基本原则和内容的基础上,秉承包容开放,加强多边合作,积极调动各方资源,推进长期的可持续性投融资。

尽管受 2020 年全球新冠肺炎疫情的影响,"一带一路"多边的可持续投融资合作的原则将继续坚持。中国将为高质量共建"一带一路"、助力各方抗击疫情、促进经济社会恢复、落实 2030 年可持续发展议程作出更大的贡献。

"一带一路"投融资框架是在"一带一路"投融资合作原则的基础上,经过实践探索而总结形成的。其内容主要包括:

第一,多边的投融资体系。"一带一路"建设需要调动沿线各国或地区共同努力,需要多方力量共同推动,需要多个渠道的资金共同融资,因此,"一带一路"投融资是多边的投融资体系。

第二,开放包容的特性。"一带一路"倡议具有开放性、包容性,鼓励多方参与、互补互利,积极调动国际组织、国际金融机构、各个国家和政府的资源配置,形成政府、市场、民间等多层次的融资渠道。因此,"一带一路"投融资具有开放包容的特性。

第三,可持续的投融资。"一带一路"基础设施建设一般周期长、资金需求量大,因此要求投融资合作具有长期性。另外,低碳、绿色等可持续问题合作项目,也要求投融资具有可持续性。因此,"一带一路"投融资合作具有可持续性。

在"一带一路"投融资合作原则的基础上,沿线各国通过合作与发展,不断补充和完善"一带一路"投融资框架。

5.1.2 "一带一路"的融资需求特点

由于"一带一路"项目大多是基础设施建设,融资周期和运营周期比较长,因此需要提供长期资金担保和资金保证的机制。总体来看,"一带一路"融资需求特点主要有以下五个方面。

1. 资金需求量大而投资回报周期较长

"一带一路"沿线大部分是欠发达的国家或地区,经济发展状况差异较大。基础设施建设、能源资源开放等领域,存在投资周期较长、未来收益不确定、资金需求大、融资缺口较大的情况,而投资回报周期长,导致这些领域的投资和开发需要长期的投融资服务和支持。

此外,由于沿线多数发展中国家的国内市场环境不健全,金融体系不完善。部分国家由于资金匮乏致使建设停滞或受阻,这就使"一带一路"的基础设施建设和其他合作项目的发展,面临融资供不应求的瓶颈制约。

"一带一路"资金需求量大,而投资回报周期长。其融资需求超过了资金供给,这就需要各个国家和地区加强投融资合作,为"一带一路"建设保障资金供给,实现互利共赢。

2. 跨境金融合作层次较低而集中度较高

"一带一路"合作项目建设的投融资发展涉及多个国家、多个币种的跨境金融合作,需要多个国家的金融体系相互支持。这就涉及各国之间货币的兑换,金融基础设施的互通,风险监管的协调以及双边和多边跨境金融合作框架的建立等问题。整体来看,"一带一路"跨境金融的合作层次目前还比较低,沿线国家进行货币互换时,往往处于防范金融风险的需要,因此缺乏对区域的金融体系建设和货币一体化等长远目标的考虑。

此外,大部分国家的贷款主要集中在基础设施建设、油气能源开采等领域,并且以商业银行的贷款为主,信用结构较为单一,这造成了贷款集中度过高,对这些领域的贷款风险的集中度过高也会带来不利的影响。

随着"一带一路"沿线各国的合作深度、广度不断提升,以及全球范围内更多金融机构和市场主体的参与,愈加高效且多样化的金融合作,将是"一带一路"金融发展所需要的。

3. 融资需求具有可持续性

"一带一路"沿线国家收入水平差异较大,大部分国家属于低收入国家,尚未启动工业化进程;金融基础设施缺乏,国内经济金融缺乏良性循环的条件。这在很大程度上,使得与这些国家开展经济合作所需的融资周期变长。

另外,"一带一路"基础设施建设的周期也较长,需要可持续的投融资,如果投融资不可持续甚至中断,则不仅影响项目进展和经济效益,甚至还可能带来政治上的不利影响。

因此,"一带一路"建设需要可持续的投融资,以确保资金能够长期支持基础设施建设和发展。

4. 合作项目多元化对承保提出新要求

随着"一带一路"倡议的全面实施,国内企业对外投资业务迎来了高速增长。相较于发达国家市场,"一带一路"沿线国家的市场蕴含着更大的风险,开拓海外市场的企业对出口信用保险等需求也与日剧增。

同时,与传统的出口业务不同,开展"一带一路"对外投资业务的经营时间更长,往往持续几年甚至几十年。因此,企业开拓海外市场多元化合作项目,其承保需求增多。这给信用保险机构带来了新的机遇,同时也对信用保险的承保方式、产品的多样化、信用保险审批流程的高效化等方面提出了新的要求。

5. 国情差异给投融资合作带来复杂性

"一带一路"沿线国家具有不同的国情,因此需要采取不同的方式对待。不同国家的国内投资情况不同,这涉及所在国家的出口贸易、信贷银行、多边银行机构等多方面的制度体系和因素。而一些国家间政治关系复杂,国内时有暴力和动乱纷争,给长期的合作发展带来了很大的困扰和不确定性。在项目合作过程中,由于一些国家在法律框架、监管制度、环保标准、行为规则等方面缺乏一致性,因此需要采取不同的解决方案和措施来应对各种实际情况,这也给投资合作带来了更多的复杂性。

5.1.3 "一带一路"的融资现状

"一带一路"倡议在经济全球化进程中起着非常重要的作用。"一带一路"建设需要大量的资金,需要长期可持续性的投融资支持,因此,支持"一带一路"的融资平台就显得尤其重要了。目前,"一带一路"的融资平台主要为亚投行和丝路基金。

1. 亚投行的设立及其重要作用

亚洲各经济体和区域性的基础设施,融资缺口巨大。加强基础设施建设,是今后亚洲经济发展的重要领域。亚洲基础设施投资银行的建立,可以支持亚洲地区的国家在基础设施领域的投资,尤其是亚洲发展中国家的基础设施存在着巨大缺口,从而促进亚洲区域经济的发展。

提出"一带一路"倡议以来,亚投行发挥了重要作用。2014 年 10 月 24 日,21 个首批意向创始成员国,共同签署了《筹建亚洲基础设施投资银行的政府间框架备忘录》。2016 年 1 月 16 日,由 57 个国家共同筹建的亚投行在北京正式开业运营。2017 年 3 月,亚投行的成员总数扩展到 70 个,总成员数仅次于世界银行。截至 2020 年 1 月,亚投行成员从最初 57 个增加到 103 个,为 28 个成员的 108 个项目提供了 220 美元的融资。

2020 年全球新冠肺炎疫情暴发,疫情冲击着世界经济,亚投行突破为基础设施融资的常规业务,为政府客户提供快速紧急融资,助力其控制疫情、恢复经济,同时满足其医疗健康需求。2020 年 9 月,亚投行成立 130 亿美元的疫情危机恢复基金来满足需求,已向多个成员提供了超 60 亿美元的资金支持。今后,亚投行将继续为基础设施融资。

亚投行是一个多边的金融机构,运用多种融资方式,开发多个融资渠道,对亚洲地区的基础设施建设提供资金支持。亚投行的重要作用主要体现为以下三个方面。

(1) 在"一带一路"建设中的重要作用。

"一带一路"沿线很多发展中国家的基础设施建设投资应该占

其 GDP 的 8%。根据亚投行的研究发现,实际上只有三分之一的国家可以达到这一水平。对于这些发展中国家,尤其是基础设施相对落后的国家,亚投行通过资本调配对基础设施建设方面的投资,很大程度上可以帮助这些国家长远的基础设施建设。可见,亚投行在"一带一路"建设中起着重要作用,尤其是对沿线各国的基础设施建设起着重要的投融资作用。截至 2018 年 7 月底,亚投行的成员已达87 个,其中来自"一带一路"的成员占 60%以上。

(2) 对亚洲国家的重要作用。

亚投行对亚洲国家基础设施建设的投资支持,破解了亚洲的发展中国家基础设施建设融资难的问题。亚投行为这些国家的基础设施建设提供长期的优惠贷款,增强了亚洲国家之间资源的互补互利,促进了亚洲区域经济的合作与发展。同时,亚投行融资平台也促进了亚洲各国之间的互联互通,推动了亚洲经济的稳定和长期发展。

(3) 对中国的重要作用。

首先,亚投行促进了中国与亚洲国家、"一带一路"沿线国家之间基础设施建设项目的合作与发展。由于中国目前在基础设施建设方面处于世界领先地位,亚洲以及"一带一路"沿线国家的基础设施建设项目,需要与中国进行合作。

其次,亚投行推动了中国企业"走出去"开拓海外市场。亚投行促进了亚洲区域经济的发展,在一定程度上,也促进了中国企业"走出去"进行海外的并购和重组,提升产业链的整合,推进中国制造业的标准国际化,并助推企业在海外市场的发展。

最后,亚投行在一定程度上促进了人民币国际化。亚投行是一个国际性的多边金融机构,对世界经济格局的影响在不断扩大,推动了以美元为主导的国际金融体系的改革,促使全球经济由美元为主要的国际货币向以人民币等多种结算货币的发展。

2.丝路基金的设立及其重要作用

2014年12月29日,丝路基金在北京注册成立,总规模为400亿美元,其主要是为"一带一路"框架内的经贸合作和多边双边互联互通的投融资提供支持。丝路基金的首期注册资本为100亿美元,其中,国家外汇管理局出资65亿美元,中国投资有限责任公司和中国进出口银行分别出资15亿美元,国家开发银行出资5亿美元。2017年5月,丝路基金获中国增资1 000亿元人民币。

丝路基金投资有四大原则,即对接原则、效益原则、合作原则和开放原则。丝路基金的投资运作,重点是对"一带一路"沿线国家和地区的基础设施、能源资源、产业发展以及经济合作等进行支持。以股权投资为主,同时采用债权、银行贷款以及基金等多种投融资形式,保持较好的投资回报和中长期财务的可持续,这是丝路基金投资的运作模式。

丝路基金运行以来,积极与境内外金融机构进行了多种形式的合作。2021年7月,丝路基金已同40多个国家和地区、多个国际组织以及区域性组织,建立了广泛的合作关系,已签约项目超过50个,通过基金投资和平台投资等方式落地项目上百个,承诺投资总金额超过180亿美元,18个项目进入两届"一带一路"国际合作高峰论坛成果清单并已全部实施。丝路基金投资地域覆盖了包括中亚、南亚、东南亚、西亚、北非、中东欧、西欧、北美、南美等地区,不仅包括低收入国家、发展中国家和新兴市场经济体,还包括发达经济体。这些项目在很大程度上促进了东道国本地经济的发展。

丝路基金采取直接投资等多种投资形式。例如,丝路基金的第一单投在巴基斯坦,总投资约为 16.5 亿美元。巴基斯坦是全球缺电最严重的国家,通过丝路基金,巴基斯坦卡洛特水电站建立了起来,其不仅解决了该地区的电力缺乏,而且提供了 2 000 多个就业机会,此电站已成为巴基斯坦第五大水力发电站。在此项目中,丝路基金采取"股权"+"债权"的方式,其中,丝路基金和国际金融公司共同入股三峡集团控股的三峡南亚公司,通过股权融资,为巴基斯坦清洁能源开发公司提供融资支持,并对该公司的首个吉拉姆河卡洛特水电项目提供资金支持。2016 年丝路基金投资迪拜清洁燃煤电站项目,这是中东地区采用 PPP 模式的一个标志性大型项目,参与方包括阿联酋、中国、美国、沙特等国家的企业和机构,总投资 34 亿美元。此外,丝路基金也与沙特共同投资了阿联酋迪拜光热电站项目,与亚投行联合对阿曼电信项目提供融资,与欧洲投资基金(EIF)组建中欧共同投资基金以支持中东欧的中小企业融资。

总体上来看,丝路基金以中长期股权投资为主,截至 2019 年年底,股权投资承诺出资金额占总出资金额的 70% 以上。截至 2020 年 10 月,已签约以股权投资为主的各类项目 47 个,承诺投资金额 178 亿美元,覆盖了"一带一路"沿线多个国家。丝路基金通过对项目进行中长期股权投资,改善了项目融资结构并撬动私人部门资金参与,带动了国内外商业银行业提供银团贷款,减轻了东道国政府的直接财政负担。

3. 中国推动"一带一路"投融资的现状

中国推动"一带一路"投融资的现状,主要体现为以下两个方面。

(1)与多边国际金融机构的合作。

在"一带一路"建设中,中国积极与多边国际金融机构开展融资合作,包括欧洲复兴开发银行、非洲开发银行、泛美开发银行以及欧洲投资基金等。欧洲复兴开发银行是最早响应"一带一路"倡议的国际金融机构之一。从2016年开始,中国人民银行向欧洲复兴开发银行出资股权参与基金,并鼓励中资金融机构与其开展联合融资;2019年,中国人民银行与欧洲签署了加强第三方市场合作谅解备忘录,对"一带一路"沿线中东欧、中亚地区的投融资合作进一步加深。此外,中国与国际货币基金组织成立中国—国际货币基金组织联合能力建设中心,对改善"一带一路"沿线投融资环境起到了重要的作用。

(2)国内金融机构推动"一带一路"建设的现状。

中国国内各金融机构也积极支持"一带一路"建设,提供投融资服务。例如,中国工商银行举办了很多"一带一路"项目融资风险管理、产品创新的专题培训,为银行参与"一带一路"融资项目打好基础。

尤其是国内金融机构投身"一带一路"绿色金融的发展,通过绿色信贷、绿色债券、绿色基金等金融工具推进沿线国家或地区的绿色金融市场发展。例如,2018年,中国金融学会绿色金融专业委员会联合英国伦敦金融城,共同发起了《"一带一路"绿色投资原则》,将低碳与可持续发展纳入"一带一路"倡议。2019 年 3 月,中国、英国、巴基斯坦、阿联酋等"一带一路"沿线国家和地区的近二十家金融机构签署了该原则。中国工商银行与"一带一路"银行间常态化合作机制相关成员共同发布了"一带一路"绿色金融指数;中国光大集团与欧洲复兴开发银行等金融机构联合设立了"一带一路"绿色投资基金。

总之,"一带一路"倡议提出以来,其投融资体系不断地推进和完善,开发性金融、政策性金融的支持力度在不断加大。双边和多边的投融资机制发展较快,为"一带一路"建设提供了融资支持。

4. 全球新冠肺炎疫情后中国与"一带一路"沿线的经贸发展现状

"一带一路"建设以来,中国与"一带一路"沿线国家的经贸发展取得良好的发展。2019 年,中国与"一带一路"沿线国家或地区的进出口贸易总额为 9.27 万亿元人民币,高出中国外贸整体增速 7.4%。

2020 年全球新冠肺炎疫情暴发,许多国际产业链和供应链联系被中断,这也使"一带一路"在全球贸易方面的重要作用更为凸显。2020 年与沿线国家货物贸易额为 1.35 万亿美元,同比增长 0.7%,占中国进出口贸易总额比例为 29.1%。中欧班列的贸易通道作用凸显,2020 年中欧班列开行超过 1.2 万列,同比上升 50%,通达 21 个国家的 92 个城市,与 2019 年年底相比较增加了 37 个。2020 年对沿线 58 个国家非金融类直接投资 177.9 亿美元,同比增长 18.3%,占同期总额的 16.2%,较上年同期提升 2.6 个百分点,主要投向新加坡、印度尼西亚、越南、老挝、马来西亚、柬埔寨、泰国、阿联酋、哈萨克斯坦和以色列等国家。对外承包工程方面,中国企业在"一带一路"沿线的 61 个国家新签对外承包工程项目合同 5 611 份,完成营业额 911.2 亿美元,占全国对外承包工程的 58.4%。"一带一路"沿线国家或地区在华新设企业 4 294 家,直接投资 82.7 亿美元。[①]

全球新冠肺炎疫情暴发后,中国积极向"一带一路"沿线国家提供抗疫物资和技术援助,已经向 150 多个国家和国际组织提供了 280 多批紧急的抗疫物资援助。截至 2021 年 1 月,中国已与 171 个国家和国际组织,签署了 205 份共建"一带一路"合作文件。中国继续积极创造条件,调动各方资源,努力推动"一带一路"建设的合作与发展,使其继续发挥全球投资与贸易的重要作用。

5.1.4 "一带一路"融资需求缺口

据亚洲开发银行的报告,每年亚洲地区基础设施建设的投资额需求基本上为 8 810 亿美元。世界银行对亚洲的投资额,一般为三四十亿美元;亚洲开发银行的投资额与此接近;国际货币基金组织则更少;总投资额不到 100 亿美元。由此可见,"一带一路"的融资需求缺口巨大。

受 2020 年新冠肺炎疫情的影响,许多发展中国家还本付息的负担加重。一些低收入国家因为还债,挤占了大量的财政资源,在一定程度上会减少它们在疫情防控方面的融资能力,未来发展的融资能力也将会变弱。"一带一路"基础设施建设以及未来生产能力的建设,将面临很大的融资需求缺口。

---

① 资料来源:中华人民共和国商务部官方网站。

中国作为世界上第一大贸易国,在全球经济贸易中具有重要的地位,是全球劳动密集型产品价值链的重要枢纽和生产制造中心。2002—2019 年,中国对全球经济增长的年均贡献率已接近 30%。在国际新格局下,中国加快推进对内对外双循环,不断提高经济的高质量发展。"一带一路"巨大的融资需求缺口,要求中国和各国一起共同推动多边的自由投资贸易和融资体系的发展。

5.2 "一带一路"建设对上海自贸试验区的融资需求

5.2.1 对上海自贸试验区金融业的融资需求

1. 对上海自贸试验区商业银行的融资需求

"一带一路"基础设施建设和投资发展需要大量的长期信贷,这在一定程度上为商业银行在沿线各国的合作提供了机遇。商业银行除了提供信贷之外,还可以在"一带一路"沿线各国或区域设立分支机构,进行收购兼并等融资活动。上海自贸试验区的商业银行,一方面,可以设计专门的产品,提供企业与沿线各国合作项目的结构性融资、贸易融资等服务,例如,出口信贷、服务贸易融资、供应链融资等;另一方面,给予自贸试验区企业"走出去"参与"一带一路"基础设施建设等合作项目的跨境金融服务。

2. 对上海自贸试验区融资租赁业的融资需求

融资租赁具有缓解企业资金周转困难、降低经营成本等优点,因此,"一带一路"建设中,融资租赁可以带动国内制造业设备、技术咨询和服务类企业"走出去"参与沿线各国的投融资发展。一方面,融资租赁可以缓解"一带一路"建设中的高端制造业、资本密集型产业的资金运营压力;另一方面,融资租赁可以汇集不同渠道来源的社会资本,并将其用于"一带一路"建设之中。因此,对接"一带一路"建设,上海自贸试验区的融资租赁业将有很大的发展机遇。

3. 对上海自贸试验区保险业的融资需求

由于"一带一路"沿线部分国家的政局不稳定,不时会爆发冲突或骚乱,使企业"走出去"面临着很大的经营风险。还有一些国家经济状况比较差,负债率、偿债率高过了一般国际警戒线,也使国内企业参与沿线合作项目时面临着对方信用风险的挑战。而保险业能够对此设计专门的保险产品,制定投资保险制度,创新外汇保险等专业性的新产品,帮助企业减少"走出去"的风险。近年来,上海自贸试验区保险业发展很快,且与银行业紧密结合,其也将成为对接"一带一路"融资的主要提供者。

5.2.2　对上海自贸试验区推动人民币国际化的需求

上海自贸试验区人民币跨境支付系统的参与者,有不少是来自"一带一路"沿线国家的金融机构。境外人民币清算行和人民币跨境支付系统为境外市场主体提供了更多跨境清算选择,有助于节省资金清算时间,提高清算效率,促进贸易和投资的便利化。"一带一路"沿线国家的市场主体,接受人民币进行支付结算,上海自贸试验区将大力推动人民币跨境支付。2020年,中国与"一带一路"沿线国家人民币跨境收付金额超过 4.53 万亿元,同比增长 65.9%,占同期人民币跨境收付总额的16.0%;其中货物贸易收付金额为 8 700.97

亿元,同比增长 18.8%,直接投资收付金额为 4 341.16 亿元,同比增长 72.0%。截至 2020 年末,中国与 22 个"一带一路"沿线国家签署了双边本币互换协议,在 8 个"一带一路"沿线国家建立了人民币清算机制安排。2020 年,人民币跨境收付金额为 28.38 万亿元,同比增长 44.3%;人民币跨境收付占同期本外币跨境收付总金额的比例为 47.4%,创历史新高。

在"一带一路"建设中使用人民币开展投融资,可调动当地储蓄资源,撬动更多的国际资本,节省换汇成本。更多地使用人民币会逐渐增强对人民币的信心,提升人民币在国际上的地位和吸引力,同时,逐渐减少对美元等主要货币的依赖,降低因汇率波动而引发的风险。人民币跨境支付系统落户上海之后,上海自贸试验区更要加快构建面向国际的金融市场体系,加强人民币全球服务体系,推进"一带一路"沿线各国的人民币国际化,探索扩大人民币在投融资中的使用,更好地满足"一带一路"经济建设发展的需要。

5.2.3 对上海自贸试验区提供公允国际信用评级体系的需求

随着"一带一路"沿线合作的深入开展,企业"走出去"合作项目面临着信贷、并购、发行债券等信用评级的大量需求。由于信用评级缺失或不透明,引发的金融风险问题不断凸显,企业"走出去"参与"一带一路"沿线国家和地区项目合作的风险也越大。

近年来,随着上海国际金融中心建设的推进和上海金融市场体系的不断健全,上海集聚着大量国际信用评级机构,其先进的国际管理理念、信用评级方法及其信用评级的公允性,在金融市场上发挥着重要的作用。而且,其也带动着上海当地信用评级机构的发展。随着国内企业"走出去"和国外机构"引进来",上海集聚着大量国际信用评级机构、会计、财务和法律机构,能够对"一带一路"沿线各国和地区项目合作方面提供国际信用评级的服务,使其在发行债券、企业并购等方面更具公允性。此外,加强征信管理部门、征信机构和评级机构之间的跨境交流与合作,构建区域金融风险预警与监测系统,完善风险处置机制,以形成应对跨境风险、危机处置的交流合作机制。

5.2.4　对帮助"一带一路"沿线各国设计和创新金融制度的需求

"一带一路"沿线,大部分是欠发达国家和地区,国内经济状况差异大,多数市场环境欠缺,金融制度很不完善,甚至比较落后。企业"走出去"参与"一带一路"沿线项目合作,不仅面临着基础设施融资匮乏的瓶颈,而且面临着欠发达国家和地区金融市场条件和环境严重滞后的问题,这将严重影响"一带一路"沿线合作项目的发展。

上海国际金融中心建设的持续推进,使上海不仅具有相对齐全的金融市场体系,而且具有比较健全的金融制度。上海自贸试验区是中国金融开放与创新的"试验区",具有比较领先的金融体系和制度,能够帮助"一带一路"沿线各国设计和创新金融制度,如支付结算系统、跨境融资等方面的制度设计创新与建设。因此,上海自贸试验区金融机构"走出去"参与"一带一路"建设,能够大力帮助并满足"一带一路"沿线各国设计创新其国内金融制度的需求。

5.3 上海自贸试验区在服务国家"一带一路"建设中的优势和定位

5.3.1 上海自贸试验区支持和服务国家"一带一路"建设的自身优势

上海承担着国际金融中心、长三角一体化和自贸试验区新片区的国家战略和重任,这些自身优势将在支持和服务"一带一路"投融资中起着重要的作用。

1. 上海国际金融中心的优势地位

上海已基本建成与中国经济实力以及人民币国际地位相适应的国际金融中心,目前上海已经基本形成国内外投资者共同参与、功能齐备的多层次金融市场体系;基本形成具有较强国际竞争力和行业影响力的多元化金融机构体系;基本形成人民币产品的全球市场规模和影响力;基本形成具有较强金融资源配置能力的全球性金融市场地位;基本形成国内外投资者共同参与公平法治的金融服务体系。这些条件和金融市场基础设施,对上海自贸试验区支持和服务"一带一路"投融资建设具有重要的作用。

2. 长三角一体化建设中的龙头

长三角一体化建设是国家战略,上海在长三角区域经济一体化建设中,起着带领和辐射的龙头作用。上海在推动企业经营发展、营商环境改善、跨境贸易、境外投融资等发挥着重要的作用和意义,上海将在提升综合经济实力、金融资源配置功能、贸易枢纽功能、航运高端服务功能和科技创新策源能力等方面为长三角高质量发展提供有力的支撑。

3. 上海自贸试验区新片区的设立

《中国(上海)自由贸易试验区临港新片区总体方案》以临港新片区为先行启动区,在更深层次、更宽领域,以更大力度推进自贸试验区全方位高水平开放。2019 年 9 月,中国(上海)自由贸易试验区临港新片区管理委员会公布《中国(上海)自由贸易试验区临港新片区支持金融业创新发展的若干措施》,在临港新片区加强跨境资金灵活使用方面,开展自由贸易账户本外币一体化功能试点,新片区内的企业开展跨境金融活动,在促进金融机构在风险可控的前提下可为新片区内企业和非居民提供跨境金融服务。这对探索自贸试验区内资本自由流入流出和稳步推进人民币自由兑换具有重要作用,也对促进上海建设"一带一路"投融资服务中心起着深远的影响。

4. 上交所科创板的上市

2018 年 11 月 5 日,中国国家主席习近平在首届中国国际进口博览会开幕式上宣布设立科创板;2019 年 6 月 13 日,科创板在上海证券交易所正式开板。科创板是在现有主板市场基础上新设的独立板块,并且注册制在该板块内进行试点。科创板注册制是中国提升服务科技创新企业能力、增强市场包容性和强化市场功能的一项资本市场重大改革举措。其通过发行、交易、退市、投资者适当性、证券公司资本约束等新制度以及引入中长期资金等配套措施,促进现有市场的良好发展。这对"一带一路"科技创新企业的投融资发展具有重要的推进作用。

5. 以金融科技助力"一带一路"普惠金融发展

"一带一路"沿线国家多为发展中国家,金融体系发展不均衡,部分地区获得金融服务的成本也较高。金融科技突破了传统金融服务在物理网点和时间上的限制,为普惠金融发展带来了新的契机与工具。上海自贸试验区可利用自身优势大力倡导发展普惠金融,促进金融科技发展,更好地服务于共建的"一带一路"国家;更有效地推动以互联网、手机银行等为重要载体的普惠金融,为"一带一路"建设提供多渠道、广覆盖的金融服务。

5.3.2 上海自贸试验区在服务国家"一带一路"建设中的主要功能

2017 年 10 月,经上海市政府批准,上海市推进"一带一路"建设工作领导小组办公室发布了《上海服务国家"一带一路"建设发挥桥头堡作用行动方案》(以下简称《行动方案》),这是上海加大推进服务"一带一路"建设力度的升级版。此方案包括六大专项行动、60 条具体细则措施,确定了上海在服务国家"一带一路"建设中的功能定位、主要路径和主要原则。

1. 功能定位

此《行动方案》指出,"把服务国家'一带一路'建设作为上海继续当好改革开放排头兵、创新发展先行者的新载体,服务长三角、服务长江流域、服务全国的新平台,联动东中西发展、扩大对外开放的新枢纽,努力成为能集聚、能服务、能带动、能支撑、能保障的桥头堡。"①这

---

① 参见《上海服务国家"一带一路"建设发挥桥头堡作用行动方案》第一条。

是上海在"一带一路"建设中的功能定位。

2. 主要路径

此《行动方案》指出,一是以上海自贸试验区为制度创新载体;二是以与沿线国家的经贸合作为突破口;三是以"一带一路"基础设施建设为重点;四是以金融服务为支撑,培育发展新动能;五是在竞争合作与风险防控过程中,凸显上海作为全球城市的价值。

3. 主要原则

此《行动方案》指出,一是发挥上海自贸试验区服务国家"一带一路"建设的桥头堡作用;二是加强上海与长江经济带等战略的对接;三是"四个中心""全球科创中心"和上海自贸试验区建设,要与服务"一带一路"建设相结合;四是充分发挥上海的优势,增强要素集聚和辐射能力;五是充分发挥市场和企业的作用,对接市场主体需求。

除此之外,此《行动方案》在贸易投资便利化专项行动这部分,就对接国家自由贸易区战略、构建多层次贸易、投资合作网络、促进贸易和投资自由化等做了具体的细则规定。其中,要以上海自贸试验区为载体,加强与"一带一路"沿线国家或地区的制度和规则对接,要以"区港一体、一线放开、二线安全高效管住"为核心,加快推进自由贸易港区建设。

此《行动方案》在金融开放合作专项行动这部分,提出了推进上海自贸试验区金融改革创新,加强自贸试验区与上海国际金融中心建设联动,"把上海建成'一带一路'投融资中心和全球人民币金融服务中心"[①],并对此做了具体的细则规定。

---

① 参见《上海服务国家"一带一路"建设发挥桥头堡作用行动方案》第三条。

　　上海自贸试验区是中国金融开放与创新的"试验田",具有"先行先试"的独特优势。自贸试验区把很多建设发展积累的成功试点经验向全国推广,为中国经济高质量发展提供了坚实稳固基础和强大持久动力。2020年7月7日,国务院印发《关于做好自由贸易试验区第六批改革试点经验复制推广工作的通知》,集中推广、复制自贸试验区37项改革事项,包括投资管理、贸易便利化、金融开放创新、事中事后监管、人力资源五个领域。此次金融开放领域的推广事项有四项,是数量最多的一次,反映了金融改革在自贸试验区试点中的重要作用。

　　目前,自贸试验区可复制、可推广的探索开放创新的经验日益凸显。自上海自贸试验区设立以来,截至2020年10月,国内自贸试验区数量扩大到21个,为全面深化改革和扩大开放做好试验。2014年至2020年7月,国务院先后六次集中复制推广共138项改革试点经验,特别是"十三五"期间,每年都集中复制推广一批自贸试验区试点经验,有力地推动新时代深化改革和扩大开放。根据商务部的统计,截至2020年7月,在中央层面,自贸试验区已累计向全国或特定区域复制推广了260项制度创新成果,包括集中复制推广143项,"最佳实践案例"43个,有关部门自主复制推广74项。

　　"一带一路"建设和发展需要金融的大力支持和服务,上海自贸试验区可为"一带一路"建设提供可持续性融资服务。上海自贸试验区作为推动企业"走出区"参与"一带一路"建设的桥头堡,对"十四五"时期上海建设"一带一路"投融资服务中心将发挥着重要的核心作用。与"一带一路"沿线欠发达国家和地区相比较,上海具有领先的金融制度,能够帮助这些沿线国家设计其国内的金融制度,促进其健全国内市场环境,从而推动"一带一路"沿线欠发达国家和地区金融制度的健全、稳定与发展。

第6章 上海自贸试验区支持和服务 "一带一路"建设的现状与不足

6.1 上海自贸试验区支持和服务"一带一路"建设的现状

6.1.1 资金支持体系不断健全

上海自贸试验区支持和服务"一带一路"建设的资金支持体系不断健全,融资支持日益市场化、多元化。目前上海金融市场规模呈现快速增长格局,金融基础设施布局和要素市场构成不断完善。中国金融机构为"一带一路"建设提供的资金超过 4 400 亿美元。其中,金融机构自主开展的人民币海外基金业务金额超过 3 200 亿元人民币。中国资本市场为参与"一带一路"建设的企业提供股权融资超过 5 000 亿元人民币。"一带一路"沿线国家和企业在中国境内发行的熊猫债超过 650 亿元人民币。截至 2020 年 8 月,中国已与

23个沿线国家签署了双边本币互换协议;与国际金融公司、欧洲复兴开发银行、泛美开发银行、非洲开发银行等多边开发机构,开展第三方合作,并不断深化。服务"一带一路"的金融产品不断丰富,金融服务涵盖了信贷、担保、债券承销、并购重组、支付清算等领域。2017年,上海市企业对"一带一路"国家和地区的备案中方投资额为12.9亿美元,占全市的比例为11.6%;与"一带一路"相关的实际投资主要流向新加坡(7.9亿美元,占比66.1%)和印度尼西亚(1.7亿美元,占比14.0%)。2019年,中国企业对"一带一路"沿线56个国家的非金融类直接投资150.4亿美元,主要投向新加坡、越南、老挝、印度尼西亚、巴基斯坦、泰国、马来西亚、阿联酋、柬埔寨和哈萨克斯坦等国家。中国企业在"一带一路"沿线62个国家的新签对外承包工程项目合同6 944份,新签合同额为1 548.9亿美元,占同期中国新签对外承包工程项目合同额的59.5%。中国对"一带一路"沿线国家的投资合作稳步推进。

6.1.2 金融服务不断完善

目前上海已形成较为完备的金融市场体系,金融交易涵盖股票、债券、期货、黄金等多个种类。上海拥有各类金融机构1 515家。金砖国家新开发银行、全球中央对手方协会等一批重要的国际金融组织落户上海。截至2019年底,共有11家中资银行,在29个"一带一路"沿线国家设立了79家一级分支银行机构(包括19家子行,47家分行和13家代表处);23个"一带一路"沿线国家的58家银行在中国设立了机构,包括7家法人银行、17家外国银行分行和34家代表处。上海与国家开发银行、中国进出口银行、中国出口信用保险公司等金融机构,建立了推进政、银、企的融资对接机制,重点支持在"一带一路"沿线国家实施的国际产能合作、基础设施和互联互通重点项目。除了提供传统的银行信贷支持之外,上海自贸试验区通过跨境人民币融资、投贷联动、"一带一路"专项债等多种方式,对"一带一路"建设的项目进行投融资服务。同时,上海自贸试验区加强与外资银行同业及多边国际机构合作,共同支持与服务"一带一路"合作建设。

6.1.3　经贸合作全面深化

2019 年 7 月,上海市政府印发了《关于本市促进跨国公司地区总部发展的若干意见》、修订后的《上海市鼓励跨国公司设立地区总部的规定》。随后,2019 年 8 月发布《上海市新一轮服务业扩大开放若干措施》,以进一步提高上海利用外资的水平,加快跨国公司地区总部等国际金融机构集聚上海和提升能力,进一步扩大上海金融对外开放。2019 年上半年,上海市第三产业增加值为 11 673 亿元,增长了 9.1%。截至 2019 年 8 月,上海新设外资项目 4 661 个,同比增长 47.8%;外资合同金额为 324.6 亿美元,同比增长 9.6%;实到外资金额为 131.08 亿美元,同比增长 13.4%。上海利用外资和引进外资的营商环境得到了较好的发展。

据中国海关统计,2021 年中国对"一带一路"沿线国家进出口 11.6 万亿元,增长 23.6%,较同期中国外贸整体增速高出 2.2 个百分点。其中,出口 6.59 万亿元,增长 21.5%;进口 5.01 万亿元,增长

26.4%。据商务部统计,2021 年,中国企业在"一带一路"沿线对 57 个国家非金融类直接投资 1 309.7 亿元人民币,同比增长 6.7%,占同期总额的 17.9%,较 2020 年同期上升 1.7 个百分点,主要投向新加坡、印度尼西亚、马来西亚、越南、孟加拉国、阿拉伯联合酋长国、老挝、泰国、哈萨克斯坦和柬埔寨等国家。对外承包工程方面,中国企业在"一带一路"沿线的 60 个国家新签对外承包工程项目合同 6 257 份,新签合同额 8 647.6 亿元人民币,同比下降 11.4%,占同期中国对外承包工程新签合同额的 51.9%;完成营业额 5 785.7 亿元人民币,同比下降 7.9%,占同期总额的 57.9%。①

6.2　上海自贸试验区支持和服务"一带一路"建设的主要成效

　　上海自贸试验区在《上海服务国家"一带一路"建设发挥桥头堡作用行动方案》下,推动了企业"走出去"参与沿线各国的合作项目,增进了贸易投资便利性,加强了金融基础设施互联互通。上海自贸试验区支持和服务国家"一带一路"建设的主要成效,主要体现为以下三个方面。

6.2.1　推进了外资参与"一带一路"建设

　　1. 推进了跨国公司参与"一带一路"建设

　　一是自提出"一带一路"倡议以来,跨国公司大多将中国总部或

---

① 参见商务部官方网站:http://www.mofcom.gov.cn/article/tongjiziliao/。

亚太总部设在上海参与"一带一路"建设。比如,德国西门子公司在上海的各个总部,取得大量"一带一路"项目的分包业务,其中,孟加拉国希拉甘杰电厂二期项目中,参与方有中国、德国、英国、孟加拉国四方。截至 2021 年底,上海的跨国公司地区总部数量已达 831家。二是跨国金融机构带着新业务参与"一带一路"建设。汇丰银行的中国总部设在了上海,并且参与了"一带一路"基础设施项目债券等大量的融资业务。三是推进跨国公司在上海的总部深度融入全球价值链和创新链,从而也提升上海在国际贸易中的核心地位。

2. 上海外资对外辐射的规模提升

从 2018 年 5 月开始至 2019 年底,上海相继推出了五批共 48 个上海金融业对外开放项目。2018 年上海实际使用外资金额为 12.1亿美元,外商直接投资合同项目 827 个,外商直接投资合同金额为68.64 亿美元。2019 年 3 月,《中华人民共和国外商投资法》出台,将准入前国民待遇加负面清单管理作为中国外商投资管理的一项法律制度。截至 2019 年 10 月,上海自贸试验区 54 项扩大开放措施累计落地 3 131 个项目,全国第一家再保险经纪公司、外商独资游艇设计公司、外商独资医院、外商独资金融类投资性公司等一批首创项目相继落地。截至 2019 年年末,上海各类外资金融机构占上海金融机构总数的 31%,其中:总部设在上海的外资法人银行占全国总数的一半以上,资产规模占全国的 82%;外资保险公司占全国总数的一半左右,原保费收入占全国的 53%。①

上海自贸试验区金融对外开放和"引进来"的优惠政策,使上海

---

① 参见上海市发展改革委《对市政协十三届三次会议第 0846 号提案的答复意见》。

自贸试验区的外资金融机构更能充分发挥其跨境金融服务的功能。随着临港新片区金融开放政策的推进,上海自贸试验区的外资企业和外资金融机构,可以通过离岸贸易和金融吸引全球资源,更多地参与"一带一路"合作建设。

6.2.2 推动了企业参与"一带一路"合作建设的高质量发展

1. 推动上海优势产业企业"走出去"参与"一带一路"建设

上海自贸试验区推动企业"走出去"参与"一带一路"建设的桥头堡作用不断凸显,积极引导企业"走出去"配置全球创新资源,重点推动信息技术、智能制造装备、生物医药与高端医疗器械、高端能源装备等企业的兼并收购,加快高新技术在装备制造和产能合作领域的整合。推动上海优势产业企业"走出去"参与"一带一路"合作建设,同时增强了对外投资合作的深度与广度。

2. 推动了企业参与"一带一路"建设的高质量发展

上海自贸试验区推动了企业参与"一带一路"建设的高质量发展。一方面,充分发挥上海自贸试验区"走出去"的集聚作用,支持和推动更多的主体和要素通过自贸试验区平台"走出去"。上海自贸试验区高效的行政效率和便捷的公共服务体系,吸引了众多企业以上海为海外投资第一平台而落户上海自贸试验区。另一方面,上海自贸试验区对外投资的高度便利化措施可向全国推广复制,创新行政许可手段向"一站式"服务发展。尤其是上海自贸试验区高科技型企业整合了全球科技创新资源、知名品牌、营销网络等价值链、产业链和供应链高端要素的能力,水平明显较快地提高。

3. 积极探索与相关国家在基础设施建设、资源能源开发、高新产业技术等领域的合作

上海自贸试验区在支持和服务"一带一路"建设过程中,不断提升与沿线各国或地区建设合作的水平与质量,聚焦"一带一路"重点领域和重点区域的对外投资合作发展,积极探索在基础设施建设、资源能源开发、高新产业技术等领域的深入合作。鼓励自贸试验区企业"走出去",带动上下游产业链入驻沿线国家或地区,增强产业价值链、高新技术等合作与发展,推进当地国家或区域的产业和经济发展。

6.2.3 建立了宏观审慎的跨境融资规则并扩大人民币跨境使用

1. 宏观审慎的跨境融资规则降低了企业融资成本

2014 年 5 月 22 日,中国人民银行上海总部举行发布会,发布了《业务实施细则》和《审慎管理细则》,进一步加大对上海自贸试验区跨境投融资活动的金融支持。中国人民银行上海总部印发《实施细则》的第二章"分账核算境外融资管理规则"提出,"区内企业、非银行金融机构和提供试验区分账核算业务的金融机构,可以从境内(含区内)融资,也可以从境外融资,并遵循风险可控原则。其中,境外部分采用境外融资杠杆率、风险转换因子和宏观审慎调节参数的方式进行管理。"①这标志着上海自贸试验区在全国范围内率先建立

---

① 参见《中国(上海)自由贸易试验区分账核算业务境外融资与跨境资金流动宏观审慎管理实施细则(试行)》第四条。

了宏观审慎本外币一体化的境外融资制度,扩大了区内经济主体从境外进行融资的规模与渠道。2015年12月,国家外汇管理局上海市分局印发了《进一步推进中国(上海)自由贸易试验区外汇管理改革试点实施细则》,允许区内企业(不包含金融机构)外债资金实行意愿结汇,放宽跨国公司外汇资金集中运营管理准入的条件,进一步简化资金池的管理,支持银行发展人民币与外汇衍生产品。上海自贸试验区的跨境融资规则和外汇管理改革,促进了自贸试验区企业"走出去"跨境融资的便利性,降低了企业融资成本,提高了企业参与"一带一路"建设的积极性。

2. 扩大了人民币在"一带一路"沿线的跨境使用

2018年3月,人民币跨境支付系统二期投产运行以来,人民币跨境支付系统成为人民币跨境结算的主渠道。上海自贸试验区跨境人民币业务快速发展,推进了将上海建设成为全球人民币产品创新、交易、定价和清算中心。2018年,上海地区的人民币跨境业务量规模为72 893亿元,较2009年的81.5亿元大幅上升了893倍。截至2019年5月底,上海地区累计跨境人民币业务量规模已达26.4万亿元。2019年1月,中国人民银行、国家发展改革委等八部门联合印发了《上海国际金融中心建设行动计划(2018—2020年)》,支持"一带一路"沿线国家政府、金融机构和企业在上海发行人民币债券,建设跨境投融资服务中心,提升了上海金融市场配置全球资源能力,加快金融产品创新,建设全球人民币资产定价、支付清算中心,以确保2020年上海基本建成与中国经济实力以及人民币国际地位相适应的国际金融中心。此行动计划扩大了人民币在"一带一路"沿线的跨境使用,也大大推进了人民币国际化。2019 年,上海人民币跨境收付量位列全国第一,人民币跨境收付金额占全国人民币跨境收付总金额的 50.1%,其中,经常项目下人民币跨境收付金额为 13 532.2 亿元。资本和金融项目下人民币跨境收付金额为 98 576.7 亿元。2020 年人民币相继被 70 多个国家作为储备货币,第一季度在全球外汇储备的份额增至 2.02%;截至 6 月底,人民币为全球第三大贸易融资货币、第四大支付货币、第五大储备货币。2020 年,人民币跨境收付金额较快增长,银行代客人民币跨境收付金额合计 28.39 万亿元,同比增长 44.3%,收付金额创历史新高。人民币跨境收支总体平衡,全年累计净流出 1 857.86 亿元。2021 年上半年,银行代客人民币跨境收付金额合计 17.57 万亿元,同比增长 38.7%。

6.3 上海自贸试验区支持和服务"一带一路"建设的薄弱之处

虽然上海自贸试验区在服务和支持"一带一路"建设方面已取得迅速发展,但是仍存在短板和薄弱环节。上海自贸试验区支持和服务"一带一路"的薄弱之处,主要体现为以下三个方面。

6.3.1 支持与服务"一带一路"长期投融资的需求仍显不足

"一带一路"投融资需求缺口巨大。一方面,"一带一路"涉及的国家经济状况差异大,而且大部分是欠发达国家和地区,能源资源开发、交通基础设施等各领域均存在投融资期限较长、未来收益不确定、资金需求量大、回报周期长等问题;另一方面,"一带一路"涉及的国家多数市场环境欠缺,制度不完善,能源资源、基础设施的建设需求出现了融资瓶颈,部分沿线国家和地区经济发展受阻的重要原因在于金融资源的匮乏,难以对各领域提供充分的服务和支撑。"一带一路"资金需求量大,而投资回报期长,这在很大程度上,使上海自贸试验区支持与服务"一带一路"长期投融资需求显得不足。

6.3.2 成为推动市场主体走出去的桥头堡目标仍有一定距离

1. 金融业"走出去"面临着新需求

随着上海自贸试验区企业参与"一带一路"建设的推进,上海自贸试验区金融业"走出去"也面临着新需求。一方面,投资主体更加多元化。中资金融机构、民营资本将深入参与"一带一路"投融资合作;另一方面,投资方式发生转变。由于沿线各国合作项目的国际服务内容日益全面,增值类服务增多,并逐渐成为新的增长热点,投资方式由传统上设立金融分支机构转向了兼并收购,以更好地整合东道国本地资源。因此,需要根据这些新的需求来调整和创新参与"一带一路"投融资的方式。

2. 企业"走出去"的主力军进入新的发展阶段

上海自贸试验区离成为推动市场主体"走出去"的桥头堡目标仍有一定距离。"谁走出去"成为市场主体"走出去"的难点。哪些大型国企"走出去"需要进一步的挖掘;一些小微企业"走出去",但其持续合作经营的实力却相对较弱。相对有实力、技术创新型的民

营企业"走出去",将成为市场主体"走出去"的主力军。如何加强民
营企业的发展,通过发挥上海在长三角的引领作用,带动长三角江
浙一带的民营企业"走出去"参与"一带一路"建设,将是企业"走出
去"发展的新阶段。目前,上海自贸试验区推动市场主体"走出去"
参与"一带一路"建设的桥头堡作用,仍需进一步加强。

6.3.3 上海专门的中介机构介入"一带一路"投融资还比较少

相对金融市场体系的健全和发展,上海的中介服务发展较为落
后。上海的中介服务机构数量较少,与纽约、伦敦相比差距较大。
具体体现为:

(1) 信用评级:国际三大信用评级机构为标普公司、穆迪投资者
服务公司和惠誉国际信用评级有限公司。2019 年 1 月 28 日,中国人
民银行营业管理部发布公告称,对美国标普全球公司(S&P Global
Inc.)在北京设立的全资子公司——标普信用评级(中国)有限公司
予以备案。同日,中国银行间市场交易商协会亦公告,接受标普信
用评级(中国)有限公司进入银行间债券市场开展债券评级业务的
注册。这标志着标普获准正式进入中国开展信用评级业务。这在
一定程度上标志着中国信用评级市场对外开放进入了实质性阶段。
中国国内评级机构主要有中诚信、国衡信、大公国际和联合。上海
市评级公司主要是上海东方金城和上海新世纪。

(2) 资产评估:2016 年 7 月《中华人民共和国资产评估法》正式
颁布,确立了资产评估行业的法律地位,标志着资产评估行业的发

展步入正轨。中国资产评估协会公布的 2021 年资产评估机构综合评价综合得分前百家机构中,上海仅占 10 家,分别是:银信资产评估有限公司、上海东洲资产评估有限公司、上海立信资产评估有限公司、上海德勤资产评估有限公司、上海申威资产评估有限公司、万隆(上海)资产评估有限公司、上海众华资产评估有限公司、金证(上海)资产评估有限公司、上海财瑞资产评估有限公司和普华永道(上海)资产评估事务所(普通合伙)。

(3) 融资担保:中国众多融资担保机构中,核心资本金较大的机构数量较少,行业整体实力较弱,担保总量相对有限,抗风险能力较低。截至 2017 年底,中国共有评级融资担保机构数量 49 家,其中北京 13 家、深圳 6 家、上海 1 家。可见,中国融资担保行业实力有待增强,实力较强的融资担保机构数量较少。

(4) 投资咨询:2017 年,上海咨询业企业数(规模以上)是 1 753 家,与 2011 年相比平均发展速度为 5%,与 2016 年相比增速约为 2.7%;到 2017 年年末,上海咨询行业从业人员平均人数是 31 万,与 2011 年相比增加了约 11.9%。

此外,上海的评级机构、会计师事务所以及律师事务所的机构数量均不及北京,与国际城市的差距更大。

因此,应促进和规范发展金融中介服务,引进高水平国际专业服务机构,进一步提高会计审计、法律服务、资产评估等专业服务业国际化水平,以更好地支持和服务"一带一路"投融资中心建设。

第7章 上海自贸试验区金融开放与创新支持和服务"一带一路"建设的具体路径

7.1 上海自贸试验区金融开放与创新在"一带一路"建设中的主要功能和定位

金融是支持"一带一路"建设的关键。上海自贸试验区金融开放与创新对"一带一路"的投融资起着前瞻性的引领和辐射作用。

7.1.1 上海自贸试验区支持和服务"一带一路"投融资的总体方案

上海自贸试验区支持和服务"一带一路"投融资的总体方案,主要体现为以下两个方面。第一,对接"一带一路"建设的投融资需求,利用上海自贸试验区的特殊功能优势,发挥自贸试验区金融开放的优势,把其建设成为"一带一路"投融资中心、推动市场主体"走出去"的桥头堡、全球人民币资产配置的中心,并且与"一带一路"建设形成深度联动与协同发展。第二,发挥上海在长三角一体化经济中的带头和辐射作用,带动和推进长三角成为推动"一带一路"投融资发展的重要经济区域。比如,推进长三角区域的金融发展,促使长三角区域成为继上海自贸试验区之后,推动"一带一路"建设与合作的重要力量。

7.1.2　上海自贸试验区金融开放对"一带一路"投融资的引领功能

上海自贸试验区居于 21 世纪海上丝绸之路与长江经济带物理空间的交会点,处于中国对外扩大开放与对内深化改革的交会点,是中国金融开放与创新的"试验田"。上海自贸试验区具有金融开放与创新"先行先试"的优势功能,金融的创新和开放,率先通过自贸试验区进行试点,然后推广到全国。因此,上海自贸试验区在对接"一带一路"的投融资需求中,发挥着金融开放与创新的引领功能和作用。

7.1.3　上海自贸试验区多边金融合作和多元化融资模式对"一带一路"的辐射功能

"一带一路"带动了中国地缘经济发展的新格局,其建设和发展离不开资金的互联互通。上海国际金融中心的开放政策,吸引更多的国际金融机构聚集,上海自贸试验区将出现多边国际金融合作和多元化的融资模式,这些多边国际合作和创新的融资模式将会辐射到"一带一路"建设之中。"一带一路"建设对融资的长期和持续性的需求,使多边金融合作和多元化融资模式成为今后支持"一带一路"融资发展的主要趋势和力量。

7.1.4 上海自贸试验区推动企业"走出去"参与"一带一路"建设的桥头堡功能

上海自贸试验"3.0版",《全面深化中国(上海)自由贸易试验区改革开放方案》明确提出,上海自贸试验区建立"三区一堡",即建设开放和创新融为一体的综合改革试验区、开放型经济体系的风险压力测试区、提升政府治理能力的先行区、服务国家"一带一路"建设和推动市场主体"走出去"的桥头堡。这是首次提出上海自贸试验区在"一带一路"建设中的桥头堡功能作用。上海自贸试验区要成为服务国家"一带一路"建设、推动市场主体"走出去"的桥头堡,发挥自贸试验区在服务"一带一路"过程中的辐射和带动作用。

因此,上海自贸试验区金融开放与创新,在现有的成效基础上,对接"一带一路"建设的投融资需求,不断探索新路径、积累新经验,以此带动和推进"一带一路"建设和发展。

7.2 上海自贸试验区建设"一带一路"投融资服务中心

7.2.1 上海自贸试验区建设"一带一路"投融资服务中心的现状

1. 与"一带一路"沿线各国的贸易投融资

上海自贸试验区与"一带一路"沿线各国在基础设施建设、资源能源开发、高新产业技术等领域的合作，制订了聚焦"一带一路"重点领域和重点区域的对外投资合作国别指南和产业指引等，不断提升与沿线各国经贸合作的水平。上海自贸试验区对"一带一路"沿线各国的对外直接投资取得较大发展。上海市对外投资规模持续保持全国领先地位，总体平稳健康发展。根据上海市商务委员会2020年《上海对外投资合作年度发展报告》的数据，2019年上海市共办理845项境外投资备案和核准项目，项目数量较2017年和2018年保持了稳定增长，备案核准中方投资额为139.94亿美元，投资总额有所回落。2018年上海实际使用外资金额12.1亿美元，外商直接投资合同项目827个，外商直接投资合同金额68.64亿美元。上海与"一带一路"沿线国家的贸易占比已达到了23％，并且具有很大的贸易互补性。今后上海自贸试验区将对"一带一路"沿线各国构建贸易网络，投资建设沿线国家或地区尤其是亚太国家或地区的"贸易投资标准"，进一步推进贸易投资便利化，并集聚大量贸易投资机构，与相关国家或地区建立经贸战略关系。

2. 推动企业"走出去"参与"一带一路"建设合作

上海自贸试验区推动企业"走出去"参与"一带一路"建设。一是带动了上下游产业链在沿线国家或地区的发展。在很大程度上，推进了沿线国家产业链的结构调整和生产布局；二是推动优势产能和企业"走出去"，积极引导企业"走出去"配置"一带一路"新资源，重点推动信息技术、智能制造装备、生物医药与高端医疗器械、高端能源装备等企业通过兼并收购，加快高新技术在装备制造和产能合作领域的整合；三是支持和推动更多主体、更多要素通过自贸试验区平台"走出去",充分发挥上海自贸试验区企业"走出去"的集聚作用,拓展对外投资合作的深度与广度。

3. 推进跨境人民币和人民币国际化发展

上海自贸试验区推进"一带一路"沿线跨境人民币交易和人民币国际化的发展,促进了上海建设成为全球人民币产品创新、交易、定价和清算中心。2018 年 3 月 26 日人民币跨境支付系统二期投产试运行。2018 年上海的人民币跨境业务量规模为 72 893 亿元,较 2009 年的 81.5 亿元大幅攀升了 893 倍,而 2019 年前 5 个月已达 40 432 亿元,同比增长 46.3%。截至 2019 年 5 月末,上海累计跨境人民币业务量达到了 26.4 万亿元。2019 年 1 月发布的《上海国际金融中心建设行动计划(2018—2020 年)》进一步明确,上海将加强金融开放,扩大人民币的跨境使用,完善人民币计价结算功能,创新面向国际的人民币金融产品。2019 年,上海市人民币跨境收付金额占全国人民币跨境收付总金额的比例为 50.1%。2020 年,上海市人民币跨境收付金额为 146 307.74 亿元,占全国人民币跨境收付总额的 51.5%。2021 年上海市人民币跨境收支总额达 17.98 万亿元,同比增长 23%,占全国总量之比近五成,继续保持全国第一。

4. 建设"一带一路"投融资服务中心的不足之处

2017 年 3 月,国务院印发《全面深化中国(上海)自由贸易试验区改革开放方案》,提出上海自贸试验区要加强与上海国际金融中心建设的联动,上海自贸试验区要成为"一带一路"的投融资中心。近年来,上海自贸试验区支持和服务"一带一路"建设取得了较好的成效,在一定程度上推动了上海国际金融中心与"一带一路"沿线的合作发展。但是,从整体上来看,上海自贸试验区打造"一带一路"

投融资中心的功能尚未完全凸显。

目前上海自贸试验区成为推动市场主体"走出去"参与"一带一路"建设的桥头堡功能,仍需进一步加强。"谁走出去"成为市场主体"走出去"的难点。哪些大国企"走出去",需要进一步发展和挖掘;小微企业相对较弱;民营企业相对较差。

7.2.2　上海自贸试验区建设"一带一路"投融资服务中心的建议

1. 上海自贸试验区应利用自身优势支持和服务"一带一路"投融资

上海自贸试验区承担着上海国际金融中心、长三角一体化、自贸试验区新片区、科创板上市的国家战略和重任,这些自身优势对支持和服务"一带一路"投融资起着重要的作用。

(1)已实现 2020 年基本建成国际金融中心的目标。上海已实现了 2020 年基本建成与中国经济实力以及人民币国际地位相适应的国际金融中心这一目标。并且,上海已经基本形成国内外投资者共同参与的多层次资本市场;基本形成具有较强国际竞争力和较健全的金融市场体系;基本形成人民币产品的全球市场规模和影响力;基本形成具有影响力国际金融机构集聚的全球性金融市场地位;基本形成具有良好公平法治的金融服务体系。这些条件和金融市场基础设施,对支持和服务"一带一路"投融资建设具有重要的作用。

(2)上海在长三角一体化中起着引领的作用。长三角一体化发展是国家战略,上海在长三角区域经济一体化建设中,起着带领和辐射的龙头作用。上海在推动企业经营发展、营商环境改善、跨境贸易、境外投融资等方面发挥着重要的作用,上海将在提升综合经济实力、金融资源配置功能、贸易枢纽功能、航运高端服务功能和科技创新策源能力等方面为长三角高质量发展提供有力的支撑。这也将推动上海成为"一带一路"投融资服务中心。

(3) 临港新片区的设立。2019年8月,国务院印发《中国(上海)自由贸易试验区临港新片区总体方案》,提出把临港新片区打造成为更具国际市场影响力和竞争力的特殊经济功能区。2019年9月,《中国(上海)自由贸易试验区临港新片区支持金融业创新发展的若干措施》公布,临港新片区内企业开展跨境金融活动,促进金融机构在风险可控的前提下可为新片区内企业和非居民提供跨境金融服务。这对探索自贸试验区内资本自由流入流出和稳步推进人民币自由兑换具有重要作用,也对促进将上海建设"一带一路"投融资服务中心起着深远的作用。

(4) 上交所科创板注册制成功上市。2018年11月,习近平主席在首届中国国际进口博览会开幕式上,宣布设立科创板;2019年6月13日,科创板正式开板。与现有的主板市场不同,科创板实行注册制,是中国资本市场的重大改革与创新举措,在很大程度上弥补了中国金融市场的不足和缺陷。科创板上市,充分证明了对科技创新企业的融资支持力度,通过新机制引入中长期资金等融资举措,促进现有市场形成良好预期。这对"一带一路"科技创新企业的投融资发展,具有重要的推进作用。

2. 上海自贸试验区如何建设成为"一带一路"投融资中心

(1) 继续推进上海自贸试验区成为"一带一路"建设桥头堡。上海自贸试验区利用金融机构集聚以及跨境投融资服务丰富经验等优势,为"一带一路"建设提供长期资金支持,打造"一带一路"对外辐射推进的强有力支撑点,在国内率先试点境外投资备案制。目前上海自贸试验区已成为中国企业"走出去"的重要阵地,今后也要加强推进自贸试验区金融业"走出去",进一步发挥上海自贸试验区成为"一带一路"建设桥头堡的功能和作用。

(2)形成与上海国际金融中心建设的联动机制。2017年3月,国务院印发《全面深化中国(上海)自由贸易试验区改革开放方案》,提出上海自贸试验区要成为"一带一路"的投融资中心,增强其对"一带一路"建设的金融服务,加强上海自贸试验区与上海国际金融中心建设的联动,形成上海国际金融中心与"一带一路"沿线的合作与发展。

(3)发挥自贸试验区临港新片区特殊经济功能区的作用。临港新片区以其特殊的经济功能区的定位,成为推动企业参与"一带一路"的新桥头堡。2019年8月,《中国(上海)自由贸易试验区临港新片区总体方案》出台,提出临港新片区主动服务国家重大战略,打造更具国际市场影响力的特殊经济功能区。临港自由贸易账户功能的重要拓展与提升,对其探索自贸试验区内资本自由流入流出和稳步推进人民币资本账户可兑换具有重要的作用;也对上海自贸试验区新片区发挥"先行先试"功能,增强上海国际金融中心要素集聚和辐射能力,促进上海自贸试验区发挥服务"一带一路"投融资和推动市场主体"走出去"的桥头堡,具有重要的作用。

(4)加强自贸试验区金融开放以支持和服务"一带一路"投融资发展。加强上海自贸试验区金融开放,以此促进和带动对"一带一路"投融资的服务和支持。一是推进上海自贸试验区人民币债券市场的对外开放。一般而言,人民币债券市场的发展和开放能有效动员长期资金参与,并缓解货币错配风险,更多地使用人民币有利于降低汇率风险和货币错配。二是推动在"一带一路"沿线各国或地区建设人民币跨境使用基础设施。上海自贸试验区人民币跨境支付系统,可以推广应用到"一带一路"沿线的跨境贸易与跨境投资结算等。三是促进人民币与"一带一路"沿线各国货币的互换。上海自贸试验区稳步推动人民币资本账户可兑换,进一步推进人民币国际化。尤其是,通过与"一带一路"沿线各国货币的互换,在汇率相对稳定的较小范围内,选择合适的货币作为跨境支付和清算,以减少汇率波动带来的风险,这将大力促进"一带一路"投融资发展。

总之,上海建设"一带一路"投融资服务中心,要以市场方式推动合作项目的投资融资,吸引更多商业机构参与。并且,要积极开发融资渠道和产品,分散具体投资项目的风险,推动人民币国际化,建设和完善市场化金融体系;推进金融服务的网络化布局,率先实现人民币资本项目可兑换,加大金融服务业对内对外开放。

7.3 上海自贸试验区支持和服务"一带一路"建设的具体实施路径

7.3.1 推进开发性金融以支持"一带一路"融资需求

1. 开发性金融对"一带一路"建设的重要作用

资金是"一带一路"建设的关键。"一带一路"建设的融资缺口巨大,需要多元化和多边金融供给共同推动,其间,开发性金融对"一带一路"建设起着重要的作用。开发性金融具有市场化运作,依托信用支持,不靠政府补贴,自主经营、注重长期投资、保本微利的可持续性金融模式,它介于减让式贷款和商业性资金支持之间,但更偏商业性一些。近年来,国家开发银行、中国进出口银行在"一带一路"沿线开展了很多项目,其贷款条件既不同于减让式贷款,也不完全等同于商业性融资,在没有财政补贴的情况下,实现了一定的回报和财务的可持续性,这实际上就是开发性金融。因此,应注重培育和运用开发性金融,除了国家开发银行上海分行、中国进出口银行上海分行之外,应大力鼓励商业银行、城商行和民营银行等建立开发性金融和普惠金融事业部,支持"一带一路"基础设施建设和基础产业发展,同时支持企业"走出去"面临的融资缺口,使其不依靠财政补贴实现合作建设的可持续发展。

2. 发挥开发性金融的股权融资作用提升其融资效力

开发性金融不同于商业银行信贷,应发挥其股权融资作用。开发性金融,通过股权融资,可以带动社会上私人部门更多的闲置资金进行投资,使用公私合营模式,分散集中融资的风险,同时,这些股权融资用于"一带一路"沿线的基础设施建设等项目,以带动相关产业经济的发展。在推进开发性金融股权融资中,中国也能提供多个币种的融资选择,尤其是人民币跨境融资,这样有助于降低汇率波动带来的风险。发挥开发性金融的股权融资,可以促使更多的股权资金融入,带动更多的债务融资,提高了开发性金融的投资收益,进而提升了开发性金融对"一带一路"融资的效力。

7.3.2　加强直接融资对"一带一路"可持续性投融资支持

上海自贸试验区具有比较完备的金融市场体系、金融机构体系和金融业务体系。企业"走出去"参与"一带一路"沿线各国的项目合作,政府前期给予其间接的融资支持,包括商业银行低息贷款等。目前中国融资结构仍以银行信贷间接融资为主,为了满足企业"走出去"可持续性融资的需求,应该发挥市场直接融资的作用。直接融资,包括股票、债券、股权等融资。国外发达的经济主体,国内的直接融资占比一般较高。随着自贸试验区企业"走出去"参与"一带一路"建设,与沿线国家合作项目可以直接融资的方式进行投融资。因此,应大力加强直接融资对"一带一路"可持续性融资的支持。具体为以下几个方面:

1. 加强上海自贸试验区债券市场对"一带一路"可持续性融资的支持

当前"一带一路"建设的融资来源相对单一,以主权性资金和传统银行贷款为主。从长期来看,以主权资金为主导的单一融资模式会存在可持续性的问题,而融资较少来源于民间资金,因此,民间资金很难获得"一带一路"建设的成果。"一带一路"建设所需的融资资金,应该是涵盖股权投资与债权投资、兼顾直接融资与间接融资,既有主权性引导又能动员民间资本的多层次、立体化网络。银行贷款、基金投资、股权融资、债券融资等多种融资方式各有优势、相互补充,在共同搭建的主权性和市场化的投融资模式中发挥各自独有的作用。在"一带一路"项目建设的不同阶段,可以灵活使用不同融资模式。在基础设施项目建设的初期,通常需要多边合作机构以股权资本或开发性贷款方式进入,而项目的后续资金需求更大,可以通过债券市场融资获得。人民币债券市场快速发展,不仅深化了金融市场改革,更拓宽了"一带一路"的融资渠道,可为其提供长期的融资支持。

(1)上海自贸试验区债券市场发展对"一带一路"建设的重要作用。

在金融支持"一带一路"建设中,自贸试验区债券市场因其自身的优势和特点,可以在支持"一带一路"建设中发挥重要的作用。

第一,可持续性融资的作用。"一带一路"沿线债券市场发展起点不同,发展程度参差不齐,水平差异较大。目前中国债券市场的规模超过68万亿元,已经发展成为世界第三、亚洲第二的市场,公司类债券规模已是亚洲第一。中国债券市场发展比较稳定,体量较大。"一带一路"沿线市场如果能与中国债券市场形成良性互动,未来国际资本也将汇入该区域市场,则市场规模将是一个可持续的动态优化过程,能够为"一带一路"建设提供长期的融资支持。

第二,高效的市场融资功能。随着利率市场化的深入推进,上海自贸试验区债券市场的定价比较公开透明,信息披露机制比较完善,债市的发展环境良好,市场融资高效。这些有利于上海自贸试验区债券市场的对外开放,促进与"一带一路"沿线市场的合作与发展,吸引多元资本的参与投资。

第三,产品种类创新性较强。与股权相比较,债券固定收益类产品因为包括主体、期限、信用、结构、担保、用途等诸多因素,因此固定收益类产品种类更多,其内生的创新性也更加活跃。债券还可以与其他金融工具结合起来,相互联动和促进。如丝路基金、亚洲投资银行等机构,通过发行债券将股权投资和贷款更好地结合起来,提供多种类多元化的产品,以支持"一带一路"沿线的融资需求。

第四,分散风险的作用。通过债券市场对"一带一路"建设项目进行直接融资,融资者的信用风险可以分散到整个市场上,特别是使风险由有意愿、有能力承担风险的投资机构承担。同时,债券市场建立了有效的投资人保护机制,在制度层面对投资人形成保障。

(2)上海自贸试验区债券市场对"一带一路"融资支持的主要体现。

上海自贸试验区债券市场在市场效率、定价机制、风险防范以及投资人保护等方面的制度,也是支持"一带一路"建设的必要保障。要保证较高的开放程度,这既包括在准入方面引入更多境外各类型机构的参与,也包括在制度规则层面有更好的开放性,加强制度规则与国际接轨。上海自贸试验区债券市场对"一带一路"建设的融资支持,主要体现为:

第一,对"一带一路"合作建设项目发行债券取得可持续性融资。在"一带一路"项目建设周期内,债券市场可提供项目的收益债、绿色债、资产支持证券等与项目所处阶段相适应的创新产品,通过发行项目债券,取得来自"一带一路"沿线各国和国内投资者对项目的可持续融资。

第二,上海自贸试验区债券市场可以为"走出去"的国内企业提供融资来源。国内企业通过债券发行等形式,募集的资金用于"一带一路"建设,可以充分利用本国债券市场的规模优势、产品优势以及发行人在本币市场的信用优势。同时,债券市场可以与股权、商业信贷等多种融资方式配合,以便为"一带一路"建设提供更加多元化的融资方式。

第三,上海自贸试验区债券市场支持"一带一路"建设,可以推动人民币国际化进程和扩大人民币的跨境使用。通过促进境外主体如国际开发机构和有融资需求的境外企业来中国债券市场进行人民币融资,或者境内企业在境内发债融资后用于海外项目,可以增加境外投资者在"一带一路"沿线建设中使用人民币支付和结算,从而扩大人民币在国际范围的使用。

(3) 进一步加强上海自贸试验区债券市场对"一带一路"的融资支持。

首先,推进上海自贸试验区债券市场规则与国际市场接轨。由于"一带一路"沿线各国金融市场的规则有差异,这就要求上海自贸试验区的债券市场加强产品创新、推进开放和健全制度,适用国际债券市场的规则和标准,与国际市场接轨,吸引不同渠道的资金进行投资。

其次,促进多元的资本共同参与"一带一路"债券投融资。一方面,推进自贸试验区债券产品"走出去",与"一带一路"沿线国家的金融市场进行合作与发展;另一方面,引导多元、多边的资本共同参与"一带一路"债券投融资,撬动更多的直接融资支持"一带一路"沿线建设。

最后,加强跨境债券投融资的风险防范。"一带一路"沿线跨境债券投融资,信用风险、资金流动风险等也时有发生,因此需要建立风险共担、收益共享的合作激励机制,增强债市信息披露的透明度,提高风险防范与监测,健全风险控制体系,加强区域金融合作与风险治理。

2. 建立"一带一路"股票交易市场

上海自贸试验区金融支持和服务"一带一路"建设,一方面,鼓励与"一带一路"有产业合作项目的优质企业,在国内发行股票和上市,通过 A 股市场进行融资,给"一带一路"重点项目提供资金。同时,充分利用境内和境外两个市场,鼓励国内企业在境外市场发行股票,比如,H 股、D 股,其所筹集的资金,可以再投资到"一带一路"建设之中。另一方面,"引进来"的"一带一路"沿线优质外资企业,鼓励其在上海自贸试验区发行股票。2017 年 1 月,国务院印发了《关于扩大对外开放积极利用外资若干措施的通知》,提出支持外资企业在中国国内上市融资,外商投资企业可以依法依规在主板、中小企业板、创业板上市。"引进来"的"一带一路"沿线优质外资企业,鼓励其在上海发行主板、中小企业板、创业板上市。因此,在上海自贸试验区内建立"一带一路"股票交易市场,一方面,有利于促进"一带一路"股票二级市场的活跃交易,促进资金筹集,用于支持"一带一路"合作项目的可持续性融资需求;另一方面,有利于推进上海多层次资本市场体系的健全,推动股市的国际化发展,促进金融服务业对外开放,加快人民币国际化的进程。

3. 在做好现有板块的基础上尝试设立"一带一路"新兴板

以融资成本低、周期更长远等优点的股权融资,也正助力为"一带一路"融资体系的一部分。企业"走出去"参与"一带一路"建设,政府前期给予了以商业银行信贷为主的间接融资支持,随着"一带一路"建设可持续性融资需求的不断增强,应发挥市场直接融资的作用,而股权融资在"一带一路"直接融资中具有很大的发展空间。"一带一路"新兴板,是参与"一带一路"建设的企业股东,通过出让部分企业所有权引进新的股东来对企业进行增资的融资方式。这种股权融资所获得资金,用于企业参与"一带一路"建设的营运资金和投资,企业无须还本付息,但新股东将与老股东同样分享企业的赢利。建立"一带一路"新兴板有利于以下三个方面:一是有助于推动上海企业"走出去",尤其是上海高科技企业,参与"一带一路"沿线各国的合作建设;二是有助于上海自贸试验区创新合作发展模式,成为服务国家"一带一路"建设的重要基地;三是能够对企业"走出去"参与"一带一路"建设提供可持续性的融资。"一带一路"新兴板,建议在张江高科技园区内的上海股权托管交易中心开板,采取场外交易市场。因此,建立"一带一路"新兴板,有助于推动上海企业"走出去",推动上海国际金融中心创新合作发展模式,成为推动市场主体"走出去"的桥头堡、服务国家"一带一路"建设的重要基地。

7.3.3　促进上海自贸试验区金融机构支持"一带一路"投融资

1. 提升上海自贸试验区中资银行对"一带一路"的金融服务水平

中资银行应提升"一带一路"金融服务水平,探索专业化经营模式,开发创新融资产品,加大对"一带一路"融资支持力度。具体包括以下四个方面。第一,对于"一带一路"沿线国家的基础设施互联互通、能源资源开发利用、经贸产业合作区建设、产业核心技术研发支持等战略性优先项目,中资银行可考虑给予重点支持。第二,中资银行应开展人民币海外基金业务,积极吸引各方资源,引导境内外资金积极参与"一带一路"建设,拓宽投资来源,以金融促进相关产业的优化升级。人民币海外基金业务,以项目投资为主,是通过信贷、债权、股权、跨境担保等多种金融工具,对"一带一路"建设提供融资支持。第三,推动中资银行"走出去",在沿线各国或区域设立分支机构,或者与当地一些市场机构并购,重建区域性金融机构等。第四,为企业"走出去"提供综合化跨境金融支持。加强中资银行服务"一带一路"建设的产品和融资创新,为企业提供出口贸易融资、设备信保融资、跨境供应链融资等。

2.加强上海自贸试验区融资租赁对"一带一路"融资的支持

在"一带一路"建设过程中,一些大型的设备包括基础建设、生产的设备等可以通过融资租赁的方式来获取,这样可以节约生产经营成本,为融资租赁行业的发展带来巨大的机遇。近年来,上海自贸试验区的融资租赁行业发展迅速,融资租赁公司可以帮助企业更好地"走出去",尤其是可以帮助装备制造业企业带动国内的设备、技术和服务等"走出去"。随着自贸试验区金融开放政策的推进和产业结构及布局的调整,融资租赁将在"一带一路"融资中发挥着最大的效用。加强融资租赁行业的发展,既可以缓解高端制造业和资本密集型产业所需的资金压力,又可以帮助中小企业通过融资租赁方式更多地参与"一带一路"建设,集聚更多的资金,并带动国内有关设备、技术和服务出口。

3. 促进上海自贸试验区保险业对"一带一路"建设服务

"一带一路"沿线有些国家或地区的政局不稳定,有些国家时常发生暴乱,再加上一些国家国内经济发展缓慢,债务率很高,甚至超过一般国际警戒线,这就使国内企业"走出去"面临着较多的风险。因此,保险业将成为服务"一带一路"建设的重要力量。首先,保险业具有稳定的资金来源,而且具有长期性,能够为"一带一路"建设提供融资服务。保险公司可以根据企业"走出去"面临的风险提供针对性的保险产品和专业的保险服务。其次,保险资金可以与债权、股权、基金等融资方式结合起来,通过与金融机构的合作,共同推出"一带一路"保险融资产品,支持和服务沿线国家或地区的重大投资项目。最后,上海保险业未来将从国际保险中心建设、提升保险业服务自贸试验区水平、推进保险监管现代化建设及筑牢风险防线四个方面入手,全面有效推动保险业发展,并推动保险资金通过政府和社会资本合作项目为"一带一路"基础设施建设提供长期的资金支持。

4. 加强多边国际金融机构对"一带一路"投融资的支持

上海自贸试验区应加强与国际多边金融组织,如金砖国家新开发银行、地区开发银行、欧洲复兴银行等金融机构的合作,一起开展项目,支持和服务"一带一路"投融资发展。

(1) 与金砖国家新开发银行(New Development Bank)的合作。金砖国家新开发银行由中国、俄罗斯、巴西、印度、南非五个金砖国家发起,于 2016 年建立,是一个全球性的开发银行,金砖银行和亚投行有着相同的理念,即为亚洲地区经济发展滞后的国家以及金砖五国提供其发展经济、改善国民收入、稳定地区政治社会秩序所必需的基础设施建设领域充分的资金支持。金砖银行的总部设在上海,自贸试验区可以加强与其对"一带一路"基础建设项目的合作与开发。

(2)与欧洲复兴开发银行(European Bank for Reconstruction and Development,EBRD)的投融资合作。欧洲复兴开发银行,是对"一带一路"倡议做出最早响应的国际金融机构之一。2016 年,中国人民银行出资参与欧洲复兴开发银行的股权基金,鼓励国内中资金融机构与欧洲复兴开发银行开展融资合作。2019 年,中国人民银行与欧洲复兴开发银行签署了第三方合作协议,推进和深化了双方对"一带一路"沿线的中东欧、中亚区域的投融资合作。上海自贸试验区集聚着大量的中资金融机构,推动其与欧洲复兴开发银行的合作,能够更充分地发挥各自的优势,为"一带一路"建设提供新的融资渠道。今后,上海自贸试验区可以在中国人民银行上海总部的有关政策下,与欧洲复兴开发银行就"一带一路"开展投融资合作项目。

(3)与主要国际金融机构能力建设合作。目前,中国人民银行与国际货币基金组织成立了联合能力建设中心,与非洲开发银行、西非开发银行等建立了双边技术合作基金,与泛美开发银行设立了能力建设技援基金等,这些都有利于进一步加强上海自贸试验区金融机构与国际金融机构进行能力建设合作,如通过联合性的研究、国际性的研讨等多种方式,共同改善"一带一路"沿线国家或地区的投融资环境,促进中国和沿线国家在基础建设、能源开发、制造业生产、技术合作等多领域的交流和发展,更好地服务"一带一路"长期投融资需求,共同推进"一带一路"建设。

7.3.4　发挥上海自贸试验区"先行先试"功能以支持"一带一路"投融资

1. 深入推进上海自贸试验区在"一带一路"建设中的桥头堡作用

推进上海自贸试验区作为企业"走出去"、参与"一带一路"建设的桥头堡作用。在服务"一带一路"建设的过程中,上海自贸试验区可以利用金融机构集聚以及跨境投融资服务丰富经验等优势,在国内率先试点境外投资备案制,推动金融业"走出去",为"一带一路"建设提供长期的融资支持,打造强有力的支撑点,成为中国企业"走出去"的重要阵地。自贸试验区新片区以特殊的经济功能区的定位成为推动企业走出参与"一带一路"的新桥头堡。2019 年发布的《中国(上海)自由贸易试验区临港新片区总体方案》,增设了临港新片区,上海自贸试验区以金融开放与创新,走在了全国的前列。

2. 加强上海自贸试验区金融开放以支持和服务"一带一路"投融资

加强上海自贸试验区金融开放,发挥自贸试验区"先行先试"的功能,以促进和带动对"一带一路"投融资的服务和支持。

(1) 推进上海自贸试验区人民币债券市场开放与发展。

一般而言,人民币债券市场的发展和开放能有效动员长期资金参与,并缓解货币错配风险,更多地使用人民币有利于降低汇率风险和货币错配。加强上海自贸试验区人民币债券市场发展,提高债券市场国际化水平,以支持和服务"一带一路"投融资。主要体现为以下五个方面。

第一,鼓励"一带一路"沿线各国等国外优质投资者在上海自贸试验区发行熊猫债。中国熊猫债券市场的发展已超过10年时间,但发展比较缓慢,直到近两年才实现快速增长。2016年,中国债券市场29家主体共累计发行熊猫债券总额为1 274.4亿元。其中,银行间债券市场共发行熊猫债券476亿元;交易所债券市场共发行熊猫债券798.4亿元,占发行总规模的比例均超过60%。2021年12月,中国人民银行、国家外汇管理局发布关于《境外机构境内发行债券资金管理规定(征求意见稿)》,进一步统一规范熊猫债资金管理,促进熊猫债市场健康发展。2022年6月,亚投行在中国银行间市场成功发行15亿元可持续发展熊猫债。2022年7月26日,中国银行间市场交易商协会印发《关于开展熊猫债注册发行机制优化试点的通知》以进一步扩大债券市场高水平对外开放,推动熊猫债市场高质量发展。目前中国的熊猫债券发行,在基础设施及制度建设方面仍需完善,应稳步推进境外投资者投资境内人民币债券市场。随着"一带一路"建设的深入推进,鼓励沿线各国的优质投资者在上海自贸试验区发行熊猫债,并用于"一带一路"建设,以支持其投融资。

第二,推进上海自贸试验区离岸人民币债券业务的发展。首先,从一国货币国际化发展的路径来看,人民币要成为主要国际货币之一,就必须在主要国际金融中心或中心城市大力发展人民币离岸业务。其次,上海自贸试验区离岸人民币债券业务的发展,有助于推动上海自贸试验区吸引大量的国际投资资本和聚集国际资本。最后,有利于上海自贸试验区发挥在岸与离岸之间联动的功能。上海自贸试验区开展离岸人民币债券业务,通过离岸人民币债券业务的发展,推动上海自贸试验区充分发挥人民币在岸市场和离岸市场之间的联动功能,促使人民币在岸与离岸之间的联动和良性发展。

第三,加强和推进国债市场对"一带一路"沿线各国的对外开放。通过上海自贸试验区,进一步加强和推进中国国债市场的对外开放。2020 年全球新冠肺炎疫情暴发,世界经济增长受到严重影响。可在一些"一带一路"沿线国家发行人民币国债,以援助沿线各国的经济恢复和发展。同时,完善国债期货品种以促进国债现货市场的发展。目前中国国债期货主要以 2 年、5 年和 10 年品种为主,通过推进完善国债期货品种来促进国债现货市场的交易和定价。加强和推进国债市场的对外开放,能够拓展"一带一路"国际资本融资渠道,为沿线国家增加重要的投资和人民币资产避险工具。

第四,扩大在"一带一路"沿线离岸人民币债券市场的规模并增设业务网点。目前香港是全球最大的离岸人民币债券市场,其次是新加坡、伦敦等地。香港离岸人民币债券市场是 2007 年 6 月以国家开发银行在香港发行第一笔人民币债券为标志开始的,2013 年台湾地区、新加坡、伦敦的离岸人民币债券业务开始起步。但离岸人民币在全球总规模仍较少,在"一带一路"沿线扩大离岸人民币债券市场的规模并增设业务网点,同时形成上海自贸试验区离岸人民币债券市场与"一带一路"离岸人民币债券市场之间的联动,促进人民币"走出去"和"流回来"的良性循环。这样,不仅有助于推进人民币离岸市场的发展,而且有助于"一带一路"建设投融资的多样化和可持续性。

第五,加强人民币债券产品的创新研发和风险管理。中国人民币债券市场发展比较滞后,国际化程度低,债券产品相对较少。加强人民币债券产品的创新,尤其是企业融资债券的研发与上市,不仅有助于推动人民币债券的国际化,而且对国内企业和人民币债券"走出去"具有重要的作用。在加强人民币债券产品创新的同时,推进债券风险管理措施的跟进与实施,形成有效的债券风险监管机制,从而促进人民币债券市场的稳定与健康发展。在上海自贸试验区内推进人民币债券产品的创新,有利于促进上海国际金融中心建设过程中人民币债券市场的对外开放,也有利于与"一带一路"沿线国家合作建设过程中的投融资发展。

(2)推动"一带一路"沿线人民币的跨境投融资。

首先,推动人民币跨境基础设施在"一带一路"沿线的使用。目前,上海自贸试验区的跨境人民币贸易、跨境人民币支付和结算等,可以通过人民币跨境支付系统进行,已大幅提高了人民币跨境清算的效率。截至2019年年末,人民币跨境支付系统共有33家直接参与者,903家间接参与者;2021年,人民币跨境支付系统处理业务约334.2万笔,日均交易额达3 184亿元。业务覆盖167个国家和地区的3 000多家银行法人机构。至2022年1月末,人民币跨境支付系统共有1 280家参与者,其中直接参与者75家,间接参与者1 205家,覆盖全球103个国家和地区。今后,进一步推动人民币跨境基础设施在"一带一路"沿线的使用,这将为"一带一路"贸易和投融资过程中人民币结算提供很大的便利。

其次,加强人民币在"一带一路"沿线的交易、支付和结算。据中国人民银行发布《2021 年人民币国际化报告》,2020 年,中国与"一带一路"沿线国家人民币跨境收付金额超过 4.53 万亿元,占同期人民币跨境收付总额的 16.0%,其中,货物贸易收付金额为 8 700.97亿元,同比增长 18.8%,直接投资收付金额为 4 341.16 亿元,同比增长 72.0%。上海自贸试验区在推进企业"走出去"参与"一带一路"合作过程中,继续加强与"一带一路"沿线各国的人民币跨境贸易,同时,推进人民币在"一带一路"沿线的支付和清算。

最后,促进与"一带一路"沿线各国货币的互换。上海自贸试验区稳步推动人民币资本账户可兑换,进一步推进人民币国际化,通过与"一带一路"沿线各国货币的互换,在汇率相对稳定的较小范围内,选择合适的货币作为跨境支付和清算,以减少汇率波动带来的风险,这将大力促进"一带一路"投融资发展。截至 2020 年末,中国与 22 个"一带一路"沿线国家签署了双边本币互换协议,在 8 个"一带一路"沿线国家建立了人民币清算机制安排。

3. 推进上海自贸试验区制造业产业链在"一带一路"沿线的延伸

"一带一路"沿线国家大多数是发展中国家,对于发展制造业具有很强烈的愿望。在这样的情况下,通过建立产业链园区,建厂生产,可以使中国的产业链延伸到"一带一路"沿线国家或地区,这不仅仅有利于中国在国际上的产业链价值,也有助于这些国家发展自身的产业链,从而使这些国家自己的制造业也成为全球产业链当中的一个有机组成部分。上海自贸试验区具有生物医药、造船业、汽车等优势制造业,在推进企业"走出去"参与"一带一路"建设过程中,可以通过在沿线各国投资建厂,使一些产业链延伸到沿线的发展中国家,这不仅有助于促进上海自贸试验区与"一带一路"沿线各国产业优势的互补发展,而且有助于推进中国制造业产业链全球化的目标。

7.3.5 深入推进上海自贸试验区成为服务国家"一带一路"建设的桥头堡

推进上海自贸试验区成为服务国家"一带一路"建设、推动市场主体"走出去"的桥头堡。

1. 推动上海自贸试验区企业"走出去"参与"一带一路"合作建设

当今,新科技革命和产业结构升级发展迅速,在一定程度上带动了"一带一路"建设的高质量发展。"一带一路"沿线大多是发展中国家,有些正处在城镇化建设过程中,推动上海自贸试验区企业"走出去",能够拓展企业境外发展的新合作模式,如并购等,促进与沿线国家或地区在基础建设、能源资源开发、产业合作、数字贸易等多方面的合作与发展。"一带一路"合作建设,既是机遇,又是挑战。上海自贸试验区企业在"走出去"的同时,要增强合规意识,主动融入当地社会,在"一带一路"建设中实现互利共赢、共同发展。根据深交所数据,近年来参与"一带一路"建设的上市公司数量大幅增加,其中有65%的上市公司将继续增加在"一带一路"的相关业务。

2. 推动上海自贸试验区金融业"走出去"支持"一带一路"投融资

随着上海自贸试验区企业"走出去"进入新的发展阶段,自贸试验区金融业"走出去"参与对外投资合作,也将迎来新一轮发展机会。一方面,上海自贸试验区金融业的投资主体更加多元化。中资金融机构、民营资本将深入参与国际金融投资合作。另一方面,自贸试验区金融业的国际服务内容日益全面,增值类服务增多,并逐渐成为新的增长热点。投资方式由传统设立分支机构的方式转向兼并收购,能更好地整合东道国本地资源。早在 2016 年 2 月,银监会出台了《中国银监会办公厅关于 2016 年进一步提升银行业服务实体经济质效工作的意见》,指出支持政策性银行、大型银行和全国性股份制商业银行在风险可控、商业可持续的前提下,稳步推进海外机构布局。要以资本"走出去"支持企业"走出去",因此,上海自贸试验区在作为推动企业"走出去"参与"一带一路"建设桥头堡的过程中,也要推进金融业"走出去"参与沿线的投融资发展,如参与沿线各国的产业投资、国际产能投融资等,以支持和服务"一带一路"投融资发展。

3. 推进"一带一路"建设中的人民币国际化

一是在"一带一路"建设中使用人民币进行投融资,可调动当地储蓄资源,撬动更多的国际资本,节省换汇成本。二是在更广范围内使用人民币,吸引更多国际投资机构投资人民币资产,将逐渐提升人民币的国际地位,减少长期以来对单一美元货币的依赖,降低汇率波动而产生的风险。三是人民币跨境支付系统落户上海自贸试验区以来,其参与者有不少是来自"一带一路"沿线国家的金融机构。因此,加强提升"一带一路"投融资中人民币的国际地位,持续推进"一带一路"沿线人民币国际化,有利于上海自贸试验区推动企业"走出去"、成为"一带一路"的桥头堡。

7.3.6 加强构建"一带一路"可持续性投融资体系

1. 不断拓宽"一带一路"沿线融资渠道

上海自贸试验区坚持"引进来"和"走出去"有机结合,探索出搭建"一带一路"开放合作新平台,服务"一带一路"建设的市场要素资源配置功能枢纽,发挥上海自贸试验区在服务"一带一路"建设中的辐射带动作用,将上海自贸试验区发展成为服务"一带一路"建设、推动市场主体"走出去"的桥头堡。同时,上海自贸试验区不断创新经贸投资合作、产业核心技术研发、国际化融资模式,推动与"一带一路"沿线各国新兴产业合作,促进与沿线国家或地区在新技术、新能源、新材料等产业领域的合作与发展,加强建立创业投资合作机制,不断创新企业"走出去"融资渠道。

2. 不断构造"一带一路"可持续性投融资体系

在对外开展"一带一路"投融资项目的过程中,除了一些政策性投融资之外,商业机构或企业的投融资要走商业化道路,实现商业可持续发展。

(1) 创新投融资模式。在政策性投融资、商业银行贷款的基础上,加强股权、债券等其他多种融资工具,创新"一带一路"多元化投融资模式。通过股权、贷款、债券、租赁等多种金融工具,提供"一带一路"建设所需的多种金融服务,如投行服务、咨询、可行性研究等。

(2) 与多边开发机构的合作。加强上海自贸试验区与多边开发银行、各类开发性金融机构的合作,共同推动高质量、高标准的"一带一路"建设。同时,加强与多边开发融资机构的合作,拓展资金渠道参与融资,服务"一带一路"重点与基础性项目的建设。

（3）与"一带一路"沿线联合融资。"一带一路"建设,需要各个国家共同努力提供融资支持。加强上海自贸试验区与"一带一路"沿线各国或地区进行联合融资,通过开展第三方或多边合作,撬动更多的公共资金投入,鼓励社会私人资金的参与,以股权、债权等多种融资混合的方式,推动"一带一路"多元多边的联合融资体系的可持续性发展。

3. 推进自贸试验区金融科技对"一带一路"的服务

（1）金融科技促进"一带一路"普惠金融。

"一带一路"沿线国家大多数是发展中国家,其国内经济发展差异较大,金融市场体系还不健全,有些国家相对来说,金融服务较为落后。近年来,随着大数据、区块链、云计算等技术的迅猛发展,金融科技已成为金融发展中不可忽视的重要力量。传统的金融服务,一般受区域具体位置和时间的限制,对经济落后、偏远和交通不发达的地方,往往难以覆盖。而金融科技打破了传统金融服务的局限,能够使受区位局限的地方得到金融服务。因此,在很大程度上,金融科技的发展,促进了"一带一路"沿线普惠金融的发展。

（2）推进上海自贸试验区金融科技的发展。

2019 年 9 月,中国人民银行印发《金融科技（FinTech）发展规划（2019—2021 年）》,确定了加强金融科技战略部署等六个方面的重点任务,提出到 2021 年建立健全中国金融科技发展的"四梁八柱",

实现科技与金融的深度融合与发展。2019 年 10 月,中国人民银行上海总部印发了《关于促进金融科技发展 支持上海建设金融科技中心的指导意见》,此指导意见进一步推进了上海国际金融中心与全球科技创新中心建设的联动,提升上海金融科技发展的潜能,推动上海建设成为国际性金融科技的中心。此指导意见从深化金融科技、加强与长三角金融科技合作等八个方面,提出了 40 项具体政策措施。

目前,上海自贸试验区在推动金融科技发展方面,已建立了一些以大数据、区块链、人工智能等为基础的金融科技服务平台,并且已上线运行。此外,在上海自贸试验区本外币贷款调查等 14 个项目建设中,也以大数据为支撑建立上线平台。今后,进一步推动上海自贸试验区金融科技的发展,以带动"一带一路"普惠金融的发展。具体为以下三个方面:

首先,促进上海自贸试验区金融科技产品的创新。通过大数据、区块链、人工智能等技术,对传统的金融产品和服务进行升级换代和创新,对技术落后的金融产品,加强新技术的渗透和补充,增强金融产品的科技含量和质量,从而提高金融产品的使用效率,扩大适用范围。上海自贸试验区金融机构可以专门成立金融产品科技研发部门,推进金融产品的设计与创新。

其次,加强上海自贸试验区金融科技的服务质量。推进科技对金融服务的重点支撑,通过新科技使传统的金融服务转向移动化、智能化和电子化,促进金融服务的便捷性和高效性,增强客户对金融服务新模式的满意度。同时,促进自贸试验区金融机构提高在线金融服务的效率,降低线下人工服务的成本,打造多层次的金融科技服务,从而提高金融科技的服务质量。

最后,推动上海自贸试验区金融机构对金融科技的业务转型。加强金融机构对机器学习、云计算、数据挖掘等技术对金融业务融合的理念,在信贷风险核查、融资成本等方面,推进技术对金融业务的支持与深入渗透,促进金融业务的转型与升级,从而减低成本,优化业务结构,提高交易效率,增强竞争力。

(3) 推进上海自贸试验区金融科技对"一带一路"建设的服务。

首先,上海自贸试验区金融机构"走出去"的同时,也带动了其金融科技产品与服务的"走出去",推进了"一带一路"沿线对手机银行、网银业务等金融业务的覆盖,为沿线各国或地区提供了更广泛的普惠金融服务。"一带一路"沿线国家可以通过这些金融科技技术与本国的金融产品进行对接,提高了本土的金融产品质量。这在很大程度上,促进了东道国普惠金融的发展。

其次,提高了"一带一路"合作项目的支付清算效率。上海自贸试验区可以运用金融科技优化跨境贸易支付的金融基础设施,提高"一带一路"合作项目的支付和清算的功能效率,在风险可控的前提下进行人脸识别模式、智能穿透设备等在线支付与清算服务。

最后,增强了"一带一路"金融服务的效能。推动上海自贸试验区一些大数据研发、人工智能等金融科技公司"走出去",参与"一带一路"建设,推动沿线国家利用新兴科技技术提高合作项目的金融服务效能和管理水平,加强数据资源融合应用,拓宽金融生态边界,逐步将金融科技运用到沿线各种投融资业务之中。

7.3.7 加强风险监测有效防范合作项目风险

上海自贸试验区在支持和服务"一带一路"投融资过程中,需加强有效防范金融风险,以促进"一带一路"投融资的可持续性发展。主要体现为:

首先,推进多边的风险监测合作平台建设。一方面,加强与多边的国际性组织在金融风险监管方面的合作,如国际货币基金组织、国际清算银行等,对主要的金融风险进行动态监控、跟踪与防范;另一方面,与"一带一路"沿线国家或地区共同组建风险监测平台,共同推动在重大项目上的风险防范体系建设,对"一带一路"合作项目做好前瞻性风险研究与防范。

其次,加强金融机构与企业对"走出去"所面临风险的认识与防范。上海自贸试验区在推进金融机构与企业"走出去"、参与"一带一路"建设的同时,面临较多的风险,应加强其对"走出去"所面临风险的意识与认识,对合作项目的风险要明确责任,并加强风险防范。

最后,建立风险预警机制。参与"一带一路"建设过程中,应建立风险预警机制,就合作项目中的风险问题,展开沟通和协调,并且做出风险提示和风险预警,并对涉及的风险建立分析框架与风险识别,以此加强对合作项目的风险提前防范与规避。

7.3.8 推动"一带一路"沿线绿色金融可持续发展

2016 年中国担任 G20 主席国,首次将绿色金融引入 G20 议程。2019 年,习近平主席在第二届"一带一路"国际合作高峰论坛上,提出推动绿色基础设施建设、绿色投资、绿色金融。上海自贸试验区在推动市场主体"走出去"、参与"一带一路"建设过程中,加强推进绿色金融的建设。

首先,推动"一带一路"绿色基础设施建设的发展。"一带一路"沿线基础设施建设,应该是绿色、低碳、可持续性的建设。上海自贸试验区企业"走出去"参与"一带一路"建设,是以绿色、可持续为合作理念,共同推进沿线的绿色基础设施建设。这不仅有助于改善"一带一路"沿线各国或地区的绿色基础设施建设、绿色经济的发展,而且有利于共同推动人类绿色环境的可持续发展。

其次,大力发展绿色金融市场。上海自贸试验区高度重视绿色金融的建设与发展,在推动市场主体"走出去"的同时,加强与"一带一路"沿线国家或地区的绿色金融合作建设,共同构建绿色金融体系,协力推动绿色金融产品的创新,加强运用绿色债券、绿色股权、绿色基金等多种绿色金融工具,推进发展绿色金融市场。

最后,推动绿色投融资的发展。2018 年 11 月,中国金融学会绿色金融专业委员会与"伦敦金融城绿色金融倡议"共同发布了《"一带一路"绿色投资原则》,推动"一带一路"绿色投资发展。2019 年 4 月,中国、英国、巴基斯坦、阿联酋等"一带一路"沿线国家和地区二十余家国际金融机构代表签署了《"一带一路"绿色投资原则》,共同推动"一带一路"投融资的低碳、可持续发展。上海自贸试验区在支持与服务"一带一路"建设过程中,秉承绿色投资的原则,大力推动沿线各国和地区绿色投融资的发展。

第8章　总结与展望

　　"一带一路"建设对增强各国生产发展和促进全球经济增长具有重要意义,扩大了跨境贸易投资,拓宽产业投资范围,推动"一带一路"沿线各国或地区的经济合作与发展,"一带一路"建设离不开金融支持。上海居于21世纪海上丝绸之路与长江经济带物理空间交会点,处于中国对外扩大开放与对内深化改革交会点。中国(上海)自贸试验区,是中国金融改革开放和创新的"试验田",在对接"一带一路"建设金融服务需求中发挥着重要的作用。

　　由于"一带一路"前期项目大多是基础设施建设,融资周期和运营周期比较长,需要有提供长期资金担保的机制。"一带一路"融资具有资金需求量大而投资回报期长、跨境金融合作层次较低而集中度较高、融资需求长期可持续性等特点,以及由于一些国家政局的不稳定,也给投融资合作带来了复杂性。上海自贸试验区是中国第一个自贸试验区,也是中国金融改革、开放与创新的"试验田"。自

2013年9月挂牌运行以来,上海自贸试验区先后实施了四版发展方案,并于2019年增设临港新片区,试验层次不断提升、试验领域逐渐拓展、试验力度持续加大。其中,2017年3月发布的《全面深化中国(上海)自由贸易试验区改革开放方案》,即上海自贸试验区"3.0版",明确提出上海自贸试验区服务国家"一带一路"建设,成为推动市场主体"走出去"的桥头堡。

上海自贸试验区是中国金融改革的"试验田",其特殊顶层设计和负面清单管理理念,能够更快、更高效地使国家金融改革政策在自贸试验区内实施。上海自贸试验区的金融创新,与上海国际金融中心建设之间具有联动效应,进而辐射到全国。2015年10月《进一步推进中国(上海)自由贸易试验区金融开放创新试点　加快上海国际金融中心建设方案》(即"金改40条")的发布,标志着上海自贸试验区金融改革和上海国际金融中心建设联动进一步实施推进。上海已实现了2020年基本建成与我国经济实力以及人民币国际地位相适应的国际金融中心这一重要目标,基本形成了国内外投资者共同参与、功能齐备的多层次金融市场体系,具有较强国际竞争力的多元化金融机构体系和具有较强金融资源配置能力的全球性金融市场地位,基本形成国内外投资者共同参与公平法治的金融服务体系。这些条件和金融市场基础设施,对上海自贸试验区支持和服务"一带一路"投融资建设具有重要的作用。2019年6月13日,科创板在上海证券交易所正式上市,这是中国资本市场的一项重大改革,对科技创新企业提供金融市场融资的大力支持和服务,这也对参与"一带一路"建设的科技创新企业融资具有重要的推进作用。

2019年8月,自贸试验区临港新片区成立,在临港新片区加强跨境资金使用和开展自由贸易账户本外币一体化功能试点,这对上海自贸试验区探索资本自由流入流出和稳步推进人民币自由兑换具有重要作用,也对促进自贸试验区建设为"一带一路"投融资服务中心起着深远的意义。

"一带一路"的基础设施和未来的建设,面临着很大的融资缺口,需要金融的大力支持和服务。"一带一路"沿线国家多为新兴和发展中国家,金融体系发展不均衡,部分地区获得金融服务的成本较高。上海自贸试验区可为"一带一路"建设提供可持续性的融资服务。"一带一路"建设对上海自贸试验区银行、保险、融资租赁等金融业具有融资需求,对推动人民币国际化、建立公允国际信用评级体系,以及帮助"一带一路"沿线各国设计和创新金融制度等方面具有金融服务的需求。上海自贸试验区作为推动企业"走出去"参与"一带一路"建设的桥头堡,对"十四五"时期上海建设"一带一路"投融资服务中心将发挥着重要的核心功能作用。与"一带一路"沿线欠发达国家和其他地区相比较,上海具有领先的金融制度,能够帮助这些国家设计其国内金融制度,促进其健全国内市场环境,如支付结算系统、国际金融交易平台等方面的建设。

上海自贸试验区率先探索金融制度开放与创新,推动金融服务业开放,形成事中事后监管等体制。上海自贸试验区按照"三区一堡""三个联动"的目标要求,在坚持宏观审慎、风险可控前提下稳步推进金融开放与创新,取得了明显的成效,主要体现在:一是建立了自由贸易账户并基于此账户体系进行了大量的经常及资本项下的业务创新和实践;二是建立了宏观审慎的跨境融资制度,降低企业融资成本;三是扩大跨境人民币使用,大力推动了人民币国际化;四是深化外汇管理体制改革,促进了贸易投资便利化;五是稳步推进国际金融交易平台建设,不断提升金融市场对外开放;六是创建利率市场秩序自律组织,率先在全国实现利率市场化。与此同时,上海自贸试验区金融开放和创新的进展速度与市场主体预期之间仍有一定的落差,其薄弱与不足主要体现为:自由贸易账户功能仍需进一步拓展和完善、合格境内个人投资者境外投资和资本市场双向开放等政策还尚未落实,人民币资本项目可兑换试点力度和金融市场开放力度有待加强,金融服务业扩大开放试点力度仍需加强,金融风险与防范机制需要进一步完善。

上海自贸试验区在服务和支持"一带一路"建设方面取得迅速发展,已经发布了服务国家"一带一路"建设的具体行动方案,大力推动与沿线国家的经贸往来与金融合作,加深了与各国的经济合作发展。目前,上海已经具备了全球企业参与"一带一路"建设的良好营商环境和金融基础设施。上海自贸试验区支持和服务"一带一路"的成效,主要体现为:一是支持和服务"一带一路"的资金支持体系不断健全;二是融资支持日益市场化和多元化;三是金融服务不断完善;四是投融资合作全面深化;五是推动了上海跨国公司参与"一带一路"建设;六是建立了宏观审慎的跨境融资制度以降低企业融资成本。但是,"一带一路"资金需求量大而投资回报期长、跨境金融合作层次较低而集中度较高、"一带一路"需要融资的长期可持续性等,上海自贸试验区支持和服务"一带一路"建设仍存在短板和薄弱环节,主要体现在:第一,上海自贸试验区打造"一带一路"投融资中心的功能未完全凸显;第二,上海自贸试验区支持与服务"一带一路"长期投融资的需求仍显不足;第三,上海自贸试验区成为推动市场主体"走出去"的桥头堡目标仍有一定距离。

今后,上海自贸试验区金融进一步开放的总体思路是,按照对标国际高阶经贸的规则和全面建成上海国际金融中心的目标,对接"一带一路"建设的金融开放与创新的需求,与上海国际金融中心建设形成深度的联动与协同。在此总体思路下,上海自贸试验区金融开放的重点领域主要为:稳步推进人民币资本项目的双向开放;大力推动人民币国际化以提升人民币的国际地位;持续扩大上海自贸试验区金融服务业对内对外开放;加大上海自贸试验区金融服务业的对内对外开放。上海自贸试验区金融进一步开放与创新的具体实施路径为:一是进一步拓展自由贸易账户功能,完善其风险监测体系;二是加强推进人民币国际化进程,提升人民币全球影响力;三是稳步推动人民币资本项目可兑换,率先在自贸试验区推进人民币"双向开放";四是扩大上海自贸试验区金融市场开放,增强人民币的全球资产配置;五是加快人民币离岸业务发展,推进离岸与在岸之间联动;六是围绕金融中心和科创中心建设,探索金融支持科技创新机制;七是健全金融综合监管监测,加强风险管理制度创新。

上海自贸试验区金融开放与创新支持和服务"一带一路"投融资的总体方案,主要体现为:一方面,对接"一带一路"建设的投融资需求,将上海自贸试验区建设成为"一带一路"投融资中心、推动市场主体"走出去"的桥头堡、全球人民币资产配置的中心。另一方面,发挥上海自贸试验区在长三角区域一体化经济中的带头作用,推进长三角成为推动"一带一路"投融资发展的重要经济区域。

将上海自贸试验区建设成为"一带一路"投融资中心的主要措施包括以下六个方面。第一,上海自贸试验区应利用自身优势支持和服务"一带一路"投融资。上海已实现2020年基本建成国际金融中心的目标、上海在长三角一体化中起着引领作用、临港新片区的设立、上交所科创板成功上市以及金融科技的迅猛发展等,以支持和服务"一带一路"投融资。第二,上海自贸试验区已成为中国企业"走出去"参与"一带一路"建设的重要阵地。第三,形成了与上海国际金融中心建设的联动机制。第四,临港自贸新片区以特殊的经济功能区成为推动企业参与"一带一路"的新桥头堡。第五,加强自贸试验区金融开放以支持和服务"一带一路"投融资发展。第六,推进自贸试验区制造业产业链使其延伸到"一带一路"沿线国家。

上海自贸试验区支持与服务"一带一路"的具体实施路径主要体现为:一是推进开发性金融以支持"一带一路"融资需求;二是加强直接融资对"一带一路"可持续性投融资支持;三是促进上海自贸试验区金融机构支持"一带一路"投融资;四是发挥上海自贸试验区"先行先试"功能以支持"一带一路"投融资;五是深入推进上海自贸试验区建设成为"一带一路"桥头堡;六是加强构建"一带一路"可持续性投融资体系;七是有效防范金融风险以促进"一带一路"投融资发展。

总之,上海自贸试验区承担着国际金融中心、长三角一体化、以及临港新片区增设的国家战略和重任,这些自身优势将对支持和服务"一带一路"投融资起着重要的作用。尽管受全球新冠肺炎疫情的影响,但上海自贸试验区的金融开放与创新对接"一带一路"金融服务需求,并在风险可控的前提下,加强与上海国际金融中心建设的深度联动,发挥在长三角的引领作用,推进自贸试验区临港新片区离岸金融发展和人民币资本账户开放的稳步试点,旨在把上海自贸试验区建成"一带一路"投融资中心和全球人民币金融服务中心。

参考文献

Zheng Wan, Yang Zhang, Xuefeng Wang and Jihong Chen, 2014, "Policy and Politics Behind Shanghai's Free Trade Zone Program", *Journal of Transport Geography*, 1(34):1—6.

Chengjin Wang and César Ducruet, 2012, "New Port Development and Global City Making: Emergence of the Shanghai—Yangshan Multilayered Gateway Hub", *Journal of Transport Geography*, Volume 25, November, 11(25):58—69.

Charles Engel, 2016, "Exchange Rates, Interest Rates, and the Risk Premium", *American Economic Review*, 106(2):436—474.

Yongjie Zhanga, et al., 2014, "Internet Information Arrival and Volatility of SME PRICE INDEX", *Physica A*, (399):70—74.

Terence Tai-Leung Chong, Liping Lu and Steven Ongena, 2013, "Does Banking Competition Alleviate or Worsen Credit Constraints Faced by Small- and Medium-sized Enterprises?", *Journal of Banking & Finance*, 9(37):3412—3424.

Tsung-Kang Chen, Hsien-Hsing Liao and Hui-Ju Kuo, 2013, "Internal Liquidity Risk, Financial Bullwhip Effects, and Corporate Bond Yield Spreads: Supply Chain Perspectives", *Journal of Banking & Finance*, 7 (37):2434—2456.

Florian Buck and Eva Schliephake, 2013, "The Regulator's Trade-off: Bank Supervision vs. Minimum Capital", *Journal of Banking & Finance*, 11(37):4584—4598.

Sangyeon Hwang and Hyejoon Im, 2013, "Financial Shocks and Trade Finance: Evidence from Korea", *Economics Letters*, 7(120):104—107.

Yan Shen, et al., 2009, "Bank Size and Small- and Medium-sized Enterprise (SME) Lending: Evidence from China", *World Development*, 4(37):800—811.

Ivo J.M. Arnold and Saskia E. van Ewijk, 2011, "Can Pure Play Internet Banking Survive the Credit Crisis?", *Journal of Banking & Finance*, (35):783—793.

Robert M. Ryan, Conor M. O'Toole and Fergal McCann, 2014, "Does Bank Market Power Affect SME Financing Constraints?", *Journal of Banking & Finance*, (49):495—505.

Patrick Behra, Daniel Foosb and Lars Norden, 2017, "Cyclicality of SME Lending and Government. Involvement in Banks", *Journal of Banking and Finance*, 4(77):64—77.

Thorsten Beck, Liping Lu and Rudai Yang, 2015, "Finance and Growth for Microenterprises: Evidence from Rural China", *World Development*, 3 (67):38—56.

Dingxi Huanga and Roger C. K. Chan, 2018, "On 'Land Finance' in Urban China: Theory and Practice", *Habitat International*, 5 (75): 96—104.

Kathryn M.E. Dominguez and Lindal. Tesar, 2001, "A Reexamination of Exchange-Rate Exposure", *American Economic Review*, 91(2):396—399.

Harald Hau and Hélène Rey, 2006, "Exchange Rates, Equity Prices, and Capital Flows", *The Review of Financial Studies*, 19:273—317.

Chu-Sheng Tai, 2007, "Market Integration and Contagion: Evidence from Asian Emerging Stock and foreign Exchange Markets", *Emerging Markets Review*, 8: 264—283.

Riadh Aloui and Mohamed Safouane Ben Aïssa, 2016, "Relationship Between Oil, Stock Prices and Exchange Rates: A Vine Copula Based GARCH Method", *North American Journal of Economics and Finance*, 37:458—471.

Lu Sui and Lijuan Sun, 2016, "Spillover Effects Between Exchange Rates and Stock Prices: Evidence from BRICS Around the Recent Global Financial Crisis", *Research in International Business and Finance*, 36:459—471.

Rana Ejaz Ali Khan, Hafeez ur Rehman and Rafaquat Ali, 2016, "Volatility in Stock Market Price and Exchange Rate: The Case Study of Bombay Stock Exchange", *International Journal of Economic Perspectives*, 10(2):110—116.

Hock Tsen Wong, 2017, "Real Exchange Rate Returns and Real Stock Price Returns", *International Review of Economics and Finance*, 49:340—352.

Sheng-Ping Yang, 2017, "Exchange Rate Dynamics and Stock Prices in Small Open Economies: Evidence from Asia-Pacific Countries", *Pacific-Basin Finance Journal*, 46:337—354.

Mohsen Bahmani-Oskooee and Sujata Saha, 2018, "On the Relation

Between Exchange Rates and Stock Prices: A Non-linear ARDL Approach and Asymmetry Analysis", *Journal of Economics and Finance*, 42:112—137.

Xiaobo Tanga and Xingyuan Yao, 2018, "Do Financial Structures Affect Exchange Rate and Stock Price Interaction? Evidence from Emerging Markets", *Emerging Markets Review*, 34:64—76.

Afees A. Salisua and Umar B. Ndakob, 2018, "Modelling Stock Price-exchange Rate Nexus in OECD Countries: A New Perspective", *Economic Modelling*, 74:105—123.

Sahar Afshan, et al., 2018, "Time-frequency Causality Between Stock Prices and Exchange Rates: Further Evidences from Cointegration and Wavelet Analysis", *Physica A*, 495:225—244.

Xin Lia, et al., 2018, "Do Short-term International Capital Movements Play A Role in Exchange Rate and Stock Price Transmission Mechanism in China?", *International Review of Economics and Finance*, 57:15—25.

Nikolaos Antonakakis, Rangan Gupta and Aviral K. Tiwari, 2018, "Time-varying Correlations Between Trade Balance and Stock Prices in the United States Over the Period 1792 to 2013", *Journal of Economics and Finance*, 42:795—806.

Benjamin M. Blau, 2018, "Exchange Rate Volatility and the Stability of Stock Prices", *International Review of Economics and Finance*, 58:299—311.

Jacob Gyntelberg, Mico Loretan and Tientip Subhanij, 2018, "Private Information, Capital flows, and Exchange Rates", *Journal of International Money and Finance*, 81:40—55.

Moses Tule, Mela Dogo and Godfrey Uzonwanne, 2018, "Volatility of Stock Market Returns and the Naira Exchange Rate", *Global Finance*

Journal，35：97—105.

Zixiong Xie，Shyh-Wei Chen and An-Chi Wu，2020，"The Foreign Exchange and Stock Market Nexus：New International Evidence"，*International Review of Economics and Finance*，67：240—266.

陈雨露：《书写"一带一路"投融资合作新篇章》，《中国金融家》2019年第5期。

蒋志刚：《"一带一路"建设中的金融支持主导作用》，《国际经济合作》2014年第9期。

《周小川、易纲、方星海重磅发声！"一带一路"并非债务陷阱，人民币国际化坚持市场主导，下一步金融开放将这样做》，《证券时报》2020年10月24日。

《"一带一路"五年历程回顾》，《全球商业经典》2019年第5期。

中国人民银行上海总部跨境人民币业务部课题组、施莉娅：《开放环境下跨境资金流动宏观审慎管理政策框架研究——基于上海自贸试验区的实践思考》，《上海金融》2016年第6期。

王立民：《金融蓝皮书：中国金融中心发展报告（2018）》，社会科学文献出版社2018年版。

宋延瑞：《自由贸易账户体系建设情况分析》，《中国信用卡》2019年第11期。

谢众：《CIPS建设取得新进展》，《中国金融》2018年第11期。

潘功胜：《积极稳妥推进债券市场对外开放》，《IMI研究动态》2016年合辑，2016年12月26日。

万泰雷、李松梁、刘依然：《"一带一路"与债券市场开放》，《中国金融》2017年第11期，第67—68页。

周小川：《共商共建"一带一路"投融资合作体系》，《中国金融》2017年第5期。

《中国（上海）自由贸易试验区关于扩大金融服务业对外开放进一步形成开

发开放新优势的意见》,中国(上海)自由贸易试验区管理委员会网,2018年 9 月 8 日。

国家外汇管理局:《取消合格境外投资者(QFII/RQFII)投资额度限制　扩大金融市场对外开放》,国家外汇管理局网,2019 年 9 月 10 日。

李晓、李俊久:《"一带一路"与中国地缘政治经济战略的重构》,《世界经济与政治》2015 年第 10 期。

徐思、何晓怡、钟凯:《"一带一路"倡议与中国企业融资约束》,《中国工业经济》2019 年第 7 期。

李娜:《人民币跨境支付结算实践》,《中国金融》2015 年第 12 期。

杨爱民:《推进跨境及离岸人民币业务》,《中国金融》2014 年第 12 期。

李进、韩立岩:《香港人民币企业债券发行特征及定价分析》,《国际金融研究》2014 年第 7 期。

秦焕梅:《中国(上海)自贸试验区离岸人民币债券市场的建立》,《国际金融》2017 年第 7 期。

冯其予:《我国已签署共建"一带一路"合作文件 205 份》,《经济日报》2021年 1 月 30 日。

秦焕梅:《上海国际金融中心建设与"一带一路"倡议》,《科学发展》2019 年第 1 期。

秦焕梅:《2020 年上海基本建成国际金融中心评估与建议》,《科学发展》2020 年第 2 期。

后　记

　　"别院深深夏席清，石榴开遍透帘明"。时值书稿付梓之际，小憩静思，昔日撰写书稿时的一幕幕场景涌现在脑海中，令人感慨万千。

　　本书是基于我主持负责的国家社会科学基金项目"对接'一带一路'建设的中国(上海)自贸区金融创新研究"撰写而成，该项目于2021年4月通过了国家社会科学基金的评审结项，随后在上海财经大学科研处领导和同事的鼓励和指点下，经学校专家组评审，又被批准列入2021年度上海财经大学学术著作出版资助项目(获得上海财经大学"中央高校双一流引导专项资金资助出版"和"中央高校基本科研业务费资助出版")。

　　"宝剑锋从磨砺出，梅花香自苦寒来"。作为一名留学归国人员，长期锲而不舍的科研活动充实了我的工作，激励着我不断挖掘和实现自身的学术价值，同时为祖国的发展贡献自己的绵薄之力。

187

多年的执教生涯与从事经济学领域决策咨询类研究的经验,使我十分注重研究成果的"接地气",切实解决实际问题。本书以国家的相关政策为指南,结合金融学前沿性理论,研究中国(上海)自贸试验区金融开放与创新中面临的问题,提出相关的参考对策。

决策咨询类研究需要具备敏锐的学术视角,以及在纷杂多变的现象中对问题准确"把脉",提出具有高价值的对策。为了能够对中国(上海)自贸试验区金融开放与创新、上海国际金融中心建设、"一带一路"投融资中心建设等重要问题建言献策,在撰写本书的过程中,为了得到第一手的研究资料,我反复奔波于上海外高桥保税区、张江高科技园区、临港自贸新片区等进行实地调研、专家访谈和交流探讨。写作期间经历了各种波折和艰辛,但我始终没有气馁,研究的步伐更加坚毅,功夫不负有心人,所有的汗水换来了这本著作的问世。

"非淡泊无以明志,非宁静无以致远"。留学归国后,我继续致力于决策咨询类研究,科研的信念愈坚定纯粹,内心愈能淡然面对人生的沉浮与名利。进行决策类咨询研究,必须精于勤奋而摒弃功利,坚持不断地学习,以滴水穿石的坚韧精神,洞察最新的形势与政策,领悟推陈出新的细则,跨领域跨学科大量广泛汲取学术与实务领域的精髓,勇于在国内外最前沿的经济金融领域里开拓与探索。

"路漫漫其修远兮,吾将上下而求索"。我始终秉承以持之以恒的毅力不断探索前行,以孜孜不倦之心去考究发现问题的本质。正是在这种信念下,本书以"接地气"的风格,深入论述了中国(上海)自贸试验区金融开放与创新的相关内容,以飨读者。

　　感谢我的博士生导师盛松成教授多年来对我的悉心栽培和指导。导师有着深厚的学术造诣,常年潜心研究经济金融学领域的前沿问题,在金融改革开放、货币理论与政策、社会融资规模指标等领域学术成就斐然。导师的学术思想和成果给我很多醍醐灌顶的启发,这些都促进了本书的撰写和最终定稿。

　　本书的顺利出版也得到了诸多同事和朋友的帮助。感谢上海财经大学科研处靳玉英处长、陈正良副处长、刘月波老师、赵赫老师等同事的帮助。感谢上海财经大学科研处和上海国际金融中心研究院给予出版资助。感谢上海财经大学金融学院各位领导和同事对我工作的支持。感谢上海财经大学图书馆朱为群馆长的帮助。感谢上海人民出版社、格致出版社范蔚文社长给予的大力支持,感谢经济部编辑主任程倩、责任编辑代小童给予的悉心校稿与帮助。最后,再次感谢所有帮助过我的人,正是你们真诚无私的帮助,才使本书得以顺利出版。

秦焕梅

2022 年 6 月

图书在版编目(CIP)数据

对接"一带一路"建设的中国(上海)自由贸易试验
区金融开放与创新/秦焕梅著.—上海:格致出版社:
上海人民出版社,2022.9
ISBN 978-7-5432-3370-6

Ⅰ.①对⋯ Ⅱ.①秦⋯ Ⅲ.①自由贸易区-金融改革
-研究-上海 Ⅳ.①F832.751

中国版本图书馆 CIP 数据核字(2022)第 123190 号

责任编辑 代小童
装帧设计 路 静

对接"一带一路"建设的中国(上海)自由贸易试验区金融开放与创新
秦焕梅 著

出 版 格致出版社
上海人氏出版社
(201101 上海市闵行区号景路 159 弄 C 座)
发 行 上海人民出版社发行中心
印 刷 上海商务联西印刷有限公司
开 本 710×1000 1/16
印 张 13
插 页 2
字 数 130,000
版 次 2022 年 9 月第 1 版
印 次 2022 年 9 月第 1 次印刷
ISBN 978-7-5432-3370-6/F·1454
定 价 55.00 元